# 店は客のためにあり
# 店員とともに栄え
# 店主とともに滅びる

倉本長治の商人学

商い未来研究所代表
笹井清範 著

柳井正 解説

プレジデント社

解説

# 私の「座右の銘」はこれ以外ない

店は客のためにある――。

私がもっとも影響を受け、もっとも好きなこの言葉と出合ったのは、「ユニクロ」を開業した1984年より前のことでした。若いころ、この言葉を唱えた倉本長治《ちょうじ》さんが主筆を務められた「商業界」を読み、純度の高い結晶のような言葉を私はそこで見つけたのです。

商売をしている人だったら誰でも、言葉としては知っているかもしれません。「顧客第一主義」と表現する人もいます。しかし、言葉の上っ面だけを知ったつもりになっている人に限って、仕事に戻った瞬間や厳しい局面に立たされたとき、この言葉をすっかりと忘れ、自己都合の商売をしているものです。

商売の原理原則はいつの時代も変わらないし、この言葉以上のものはありません。それなのに、多くの経営者が「店は客のためにある」という言葉を当たり前と軽く見て、ないがしろにしています。そうはなるまい。駆け出しだったころから、この思いが私の商売の原動力となりました。

店は
客のためにあり
店員と
ともに
栄える

「店は客のためにある」とは、経営者の体裁を繕う美辞麗句でもなければ、耳に心地よいスローガンでもありません。経営のありとあらゆることを、これに徹する覚悟と実践を求める決意の言葉です。極めてシンプルな表現のうちに、商いの原理原則のすべてが込められています。

たとえば、ウォルマート創業者のサム・ウォルトンはこう語っています。

「小売業の成功の秘訣は、お客様が望むものを提供することである。実際、もし客の立場になったら、誰もが最善のものを望むだろう」

表現は違えども、サムも同じことを語っています。古今東西、どんな企業であろうと、どんな業態であろうと、真理は一つであることを、世界最大の小売企業をつくった経営者は実践を通じて体現してみせました。私の経営の根本にあるのも、まさに「店は客のためにある」なのです。

小売業というと長らく、誰でもできる小手先のものだと思われてきました。最近の起業家たちの一部にも、そうした思い込みが見られるように思います。みんな儲かりそうだからとITやインターネットのほうへばかりに目を向けて、上場させるとすぐに経営権をファンドに売ってしまう。私はそういう経営者はダメだと思います。

最近の起業家は、在庫をできるだけ持たない商売を探していると聞きますが、そんなの儲かるわけがないでしょう。そもそも、儲けようとしたら絶対に儲かりません。誰も人を儲けさせようと思って、応援してくれる人などいません。

儲けは、己の全身全霊をかけて人に喜んでいただく先にあります。結局のところ、応援してくれる人を何人つくれるかがすべてです。倉本長治さんはそれを、「お客様という名の友をつくれ」と言っています。

## この言葉に何回も励まされてきた

1994年、広島証券取引所に上場して間もないころ、イオンの岡田卓也さん（現・名誉会長相談役）と「商業界」で対談させていただいたことがありました。そのとき、「店は客のためにある」は「店員とともに栄える」と続くことを教えていただき、のちに「店主とともに滅びる」と締めくくられることを知りました。

これら一連の言葉は、企業の在り方そのものを示しています。企業にとっていちばん大切な永続性（going concern）の本質を、私はここに見たのでした。

以来私は、執務室の壁に「店は客のためにあり　店員とともに栄える」という言葉を掲げ続けています。これまでに、この言葉に何回も励まされ、「ああ、こういうことだったのか」と気づかされたりしてきました。

もちろん、「店主とともに滅びる」という言葉も、自らへの戒めとして常に心にとどめています。

経営者とは、ひと言で言えば「成果を上げる人」のことです。成果とは、約束したことを実現することです。

経営者は成果を上げて初めて、お客様、社会、株式市場、社員から信頼され、企業は存続を許されるのです。経営者がしっかりと約束を果たさなければ、企業はあっけなく滅びてしまいます。

そして経営の目的とは「お客様」と呼ばれるファンを増やしていくことであり、顧客を創造することに尽きます。私が経営者人生をかけて追求してきたことでもあります。

そのために当社は、私たちの価値観に「お客様の立場に立脚」することを掲げ、私たちの行動規範に「お客様のために、あらゆる活動を行います」と約束しています。企業理念である「服を変え、常識を変え、世界を変えていく」ことこそ、私にとっての「店は客のためにある」の実践なのです。

店は、経営者のためにでも、社員のためにでも、株主のためにあるのでもありません。何

より、店はお客様のためにあります。それを勘違いする人がじつに多い。お客様のために役立たなかったら、他のどんな人に役立っても店の存在意義などありません。お客様のために一途になること。それが成果を生み、結果として株主や社員、そして経営者も幸せになれるのではないかと思います。

そもそも、お客様のためにならない店は必然的に社会から淘汰されます。お客様が笑顔になるような付加価値を生まなければ生き残ることはできません。

だから当社は小売業の範疇を超えて、お客様のために変わろうと挑戦を続けています。そのためには世界中の情報を集めて、誰よりもお客様の要望をお聞きして即商品化することです。ファーストリテイリングという社名は、そういう意味なのです。

私たちは、世界の誰もがやっていない、そして社会的に意義のある仕事をする会社になりたい。社会をより良くし、お客様に役立つという商売の本質を忘れずに、夢やビジョン、熱意をもって仕事をしたいと思っています。

世の中を変えたいのなら、自分が変わらなくてはなりません。世の中が変わるのを待っていては、世の中は変わりません。

私は勇気をもって、今までの成功を捨ててきました。私たちは常に今の成功を捨てて、未来に向き合っていきたい。そのとき未来を示す羅針盤、それが「店は客のためにある」

ではないでしょうか。

そして、「店員とともに栄える」とは、社員が生き生きと使命感をもって仕事に向き合える状態をつくりだすことです。

経営者一人がいくら有能だろうと、一人でできることには限りがあります。たとえば毎日いらっしゃるお客様に対して、一人で対応することはできません。経営はチームで行うものなのです。

そして商売の醍醐味というのは、自分で考えて自分で実行することにあります。こうした考えで実行する人が本部にも店舗にいて、双方向で討論しながら店舗運営をしていく。この相乗効果がはたらかない限り、お客様のためになる商売はできません。商売の醍醐味を感じて、成長してほしい。それが「店員とともに栄える」ということだと思います。

人は、失敗を繰り返さないと成長しません。失敗するからこそ、考えることを学ぶのです。だから何度でも失敗してほしい。その経験を通じて学び、成長してほしいのです。失敗を恐れないでほしい。何もしないほうがよほど恐ろしいことなのです。

## お客様の厳しい目で自分たちを見よ

本書の倉本長治さんの言葉の中に、「あなたは、あたかも今日死ぬように、あなたのあらゆる行為と思想とを整理すべきである」というものがあります（81ページ）。

たしかに、私たちのような小売業の商売は毎日の積み重ねが大切です。店を開けた途端、そこには「毎日」が訪れます。毎日を大切にし、目の前のお客様を大切にすることが商売の基本であり、それができなければ未来は訪れません。

毎日の充実の中にこそ未来があり、目の前のお客様の笑顔の中にこそ、理想の未来に至る道があります。今日死ぬ覚悟を決めて今日を精いっぱいに生きる。「店は客のためにある」とはそういうことではないでしょうか。

また、倉本さんの友の一人に、新保民八《しんぼたみはち》さんという経営指導者がいます。彼が遺した言葉に、「正しきに　依りて滅ぶる　店あらば　滅びてもよし　断じて滅びず」というものがあります。

私も今まで「本当に良い服とは何か」を考え続け、それをつくりだし、世界中の人たちに喜んでほしくて、いろいろな面で「正しさ」というものにこだわりながら商売をしてきました。

どんな商売でも、何の努力もせずに楽に儲けられるものなどありません。とりわけ小売業は、店を開けていれば自動的に売れるような簡単なものではない。お客様に繰り返し店に来ていただけるように、完成された会社・ブランド・店・商品・社員に一歩でも二歩でも近づけるように地道な努力を継続することが必要です。

だからこそ、その営みの根本には、新保さんが唱えるように「正しさ」が必要なのです。正しさへの信念が人間を強くし、その人間的強さが商売をたくましくしてくれます。

本書によると、新保さんの言葉はさらに「古くして古きもの滅び　新しくして新しきものもまた滅ぶ　古くして新しきもののみ　永遠にして不滅」と続きます（85ページ）。たしかに、どれほど隆盛を極めた企業でも、革新を怠ればあっけなく滅びることは歴史が証明しています。時代とともに商売は変わらなければなりません。

老舗というのは、時代とともに商売を革新してきたから老舗として残り続けているのです。しかし、ある程度の規模で事業をしていると、それを守ろうとしてしまい、そうしたところはすべて潰れています。

お客様のニーズやライフスタイルは常に変わり続けています。とくに今からの変化はさらに激しいでしょう。現状に固執していては、残ることはできません。

しかし、いくら革新的であっても、古くからの原理原則をないがしろにする店も同様に滅びます。原理原則とは「店は客のためにある」ことです。唯一永遠不滅たりうるのは、原理原則に基づき革新を続ける企業だけです。

当社が目指すところもここにあります。

お客様は厳しい存在です。お客様は一度あるものを手にしたり、体験したりしたら、それが基準となります。そして次からは、その基準以上のものを求められます。

その繰り返しに応えていくのが商売です。商売は、毎日お客様から投票いただいているようなものですから、お客様のためを思って活動していない企業にお客様が投票してくれるはずがありません。

だから私たちは、お客様のいちばん厳しい目で、自分たちを見なければなりません。毎日、この目で自分たちの店を、自分たちの仕事を、お客様の厳しい視点で見るのです。店ならば、照明はきちんと点いているか、古いポスターがそのままになっていないか、陳列は真っすぐになっているかどうか。

私自身もそうしてきましたし、社員にもそれを求めています。そして、本当にお客様のためになっているかどうかを自問自答する。自問自答のないところに、優れたアイデアは生まれないからです。

## 私の考える「店員とともに栄える」とは

残念ながら、生前の倉本長治さんに私はお会いしたことがありません。しかし、遺された書物から、彼が愛情深く、教養の高い人物だったことがわかります。

本書でまとめられている一つひとつの言葉も、まるで聖書の言葉のようであり、詩のようであり、まさに言葉の結晶というべきものです。だから聖書の金言のように、長年にわたり多くの人に受け継がれてきたのでしょう。そこには廃れることのない永遠の言葉の力を感じます。

倉本さんの遺した言葉をできるだけ多くの人に読んでもらいたい。それがこうして解説を書く理由です。

私は毎年、年の初めに全社員に向けて「新年の抱負」を発表しています。そこでは私が体験したこと、学んだこと、考えていることを記し、その年の我が社のモットーを明らかにし、決意を表明しています。

その一つ、2009年の抱負ではモットーに「グローバルワン・全員経営」を掲げました。意味するところは、世界市場で唯一無二の存在になるために、世界でいちばん良い方法でFR（ファーストリテイリング）グループ全事業を経営していくことです。

そのためには全員経営、つまり全社員が経営者マインドを持たなければなりません。それこそまさに、「店員とともに栄える」ということであり、私たちの挑戦はこれからもまだまだ続いていきます。

そして抱負の最後に、私のもっとも好きな言葉を記しました。皆さんにも、その言葉を贈り、本書の解説とさせていただきます。

店は客のためにあり
店員とともに栄え
店主とともに滅びる

この淡々とした言葉の中にこそ、商いの真理があります。

柳井　正

# はじめに

人口減少、少子高齢化、都市部への人口集中と地方の過疎化、世界的な天候不順、リアルとバーチャルの融合、人工知能（ＡＩ）社会の到来、そして新たなウイルス感染症の拡大——。私たちを取り巻く社会や経済の環境は常にめまぐるしく変わり続けています。変わらないのは、変わり続けるという事実のみです。

変化はすべての者に変わることを求め、変われない者を退場させます。たとえ大きく強くても、その存在は保証されません。かつて隆盛を極めた巨大な恐竜も一つの隕石の落下により絶滅し、小さく弱い哺乳類は自らも変わることで変化に対応しました。

ダーウィンの進化論を持ち出すまでもなく、生き残るのは、強い者でも、賢い者でもなく、変化する者です。変化に漫然と巻き込まれるのではなく、自らを変革することこそ、未来につながる繁栄の鍵といえるでしょう。

では、変化に対応するためにもっとも大切なものは何でしょうか。それは望む未来への道を示し、行動の軸となる〝在り方〟にほかなりません。志と表現してもいいでしょう。どのように環境や〝やり方〟が変わっても〝在り方〟さえ揺らがなければ、変化を成長の機会とすることができます。

変化の波は、日本経済にもこれまでたびたび襲ってきました。その一つ、敗戦により国土が荒廃し、街にはまだ砲火の残り火がくすぶっていたころのこと。戦争を生き延びた商人たちは、暮らしに欠かせない物資をかき集め、焼け跡に建てた「店」とは名ばかりの小屋に物品を並べ、これを金銭に換えました。ここに戦後の商業が始まります。

彼らのほとんどにとって「店」とは、己が生き延びるための手段であり、商いとは自分の利益のためだけに行われる営みでした。それゆえ法外な闇取引が横行し、売価は相手の懐具合を探り、足元を見て決められました。一部の商人にとっては、いかに客を欺くかが商売の上手下手の基準だったのです。

多くの商人たちは商売とはそういうものだと思い込み、うわべだけの笑顔をつくり、揉み手をしながら嘘交じりの説明をして、わずかな金を客から奪おうとしていたといったら言いすぎでしょうか。彼らは己の一生をかけて進むべき道を見いだせずにいました。

「店は客のためにある」

そんな商人たちにこう訴え、全国各地を手弁当で赴き、商業の正道を説いた男がいました。19世紀の終わりに、江戸から続く和菓子商の家に生まれ、戦前から経営指導者として、また出版人として商業の発展と商人の育成に尽力した本書の主人公、倉本長治です。当時の倉本を知る商人は「先の見えない暗い時代にありながら、あの人の話だけには闇がなかった」と語っています。

倉本はその後、志を同じくする支援者たちによって設立された出版社「商業界」で主幹として筆を執り、商人たちに直接語りかける場として「商業界ゼミナール」を主催し、多くの商人たちに進むべき道を示し、励まし、導きました。そのうちのある者は世界へ飛躍するチェーンストアを育て上げ、ある者は小さなまちで今も庶民の暮らしを支える商いを続けています。

その影響力から戦後商業は倉本を抜きにしては語れず、その功績から人は彼を「日本商業の父」「昭和の石田梅岩」と呼びました。80年余の生涯に膨大な数の著作を遺し、数多くの演壇に立ち、説き続けた倉本の教えを簡潔に表現するなら、次の3行から成る一文がふさわしいでしょう。

店は客のためにあり
店員とともに栄え
店主とともに滅びる

1行目の「店は客のためにある」とは商業の基本精神であり、根本的な使命として、倉本が自身の思想の中心に置いたものです。使命とは、関わる人々の暮らしを守り、社会と文化の発展に役立つことにほかなりません。商業はそうした営みがビジネスとして機能して、初めて使命を果たしているといえます。

これは後世に「顧客第一主義」と表現されるようになりました。今では国内外、業種や規模の大小を問わず多くの企業が経営理念に据えていますが、戦後の混乱期にあって倉本の主張は多くの商人を刮目させました。今日、お題目に掲げるだけで実体を伴わない企業のふるまいに出合うたびに、命がけで説き続けた倉本の革新性を思います。

2行目で「店員とともに栄える」というように、倉本は「店員は店主の分身である」と言い、従業員とは商いの正道を手を携えて歩む仲間であると説いています。単なる替えの利く作業員でも、損益計算書に計上されるコストでもありません。「店は客のためにある」という商いの使命を追求する同志であって、自身の分身のように大切な存在なのです。

一方、業績向上の手段として、従業員満足に注力する企業もあります。たしかに顧客満足度と従業員満足度は正の相関関係にあり、継続的な業績向上は高い従業員満足があってこそ成り立ちます。しかし、手段としての従業員満足を倉本は断じて認めず、商いの目的に据えたのです。

では、3行目の「店主とともに滅びる」に、倉本はどんな思想を込めたのでしょうか。

それは「真の商人であることが即ち、立派な人間ということだ」という彼の商人観から真意が汲みとれます。「商人である前に、人間であれ」と訴え、人間としての正しさ、愛情や誠実さこそ、商人にもっとも大切な素養であると説きました。

それゆえ、店主が正しさや愛情、誠実さに裏打ちされる倫理観を失ったとき、店というものはあっけなく滅びるのだと倉本は戒めます。さらには、創業者自身が、または事業を受け継いだ者が創業の志を見失い、ないがしろにしたときも同様であると、倉本は人間としての〝在り方〟の重要性を訴えています。

このように、一つの思想、一つの理念が生まれ、育まれ、やがて大きな波となり、多くの人々に受け継がれていくようになる背景には、そうした思想や理念を必要とする時代環境と、その提唱者のたゆまぬ努力が存在します。本書は、こうした倉本の商人哲学をひもとき、その真意を伝えようとする試みです。

しかし、倉本が遺した教えを単にドグマとして固定し、そこに安住するだけでは、倉本の教えが本当の意味で活かされることにはならないでしょう。そのときどきで変わる状況に応じて真意を繰り返し考え、それを自らの行動に活かしてこそ教えは生き続けます。どんな教えも、その時代環境、社会的背景とは無縁ではありえないからです。

言葉としての教えにとどまらず、もっと根幹にある〝在り方〟を示し、それを通して磨かれる人間としての生きざまこそ、倉本が生涯をかけて伝えようとしたものでした。だからこそ私たちは〝在り方〟を見つめ、それを起点として変化に立ち向かう必要があります。

そこで、倉本から学んだことを100篇の短文にまとめ、私自身が「商業界」の編集者として縁をいただいた商人たちから教えてもらったことを通して、その意味するところを注釈したのが本書です。いわば「倉本長治の商人学」であり、日々の仕事を正しく導いてくれる〝商いの知恵〟として役立てていただけるよう努めました。

倉本長治という巨人の思想を体系立てて論じるために用いたのが「商売十訓」です。倉本の教えを10篇、それぞれ14字の短文にまとめた商人訓であり、商業界ゼミナールで学んだ商人たちの行動指針として今も彼らの商いを導いています。本書では、商売十訓の一つひとつに10篇の関連する教えを紹介することで、その本質にわずかでも迫ろうと試みています。そこで、商売十訓のもととなった原文と併せて紹介しましょう。

一、損得より先きに善悪を考えよう
「商売は損得を離れることは出来ないが、これからは善悪をこれに優先せしめよう」

二、創意を尊びつつ良い事は真似ろ
「商売に創意工夫を尊重し、なお善いことは研究のうえ大いに真似る進取性も持とう」

三、お客に有利な商いを毎日続けよ
「お客に喜びや利益を与える営みが商人の正業《なりわい》と知って、これを素直に実践しよう」
四、愛と真実で適正利潤を確保せよ
「博《ひろ》い愛情、隠すところのない真実と懸命な精進とで必要な最低利潤を確保しよう」
五、欠損は社会の為にも不善と悟れ
「欠損は社会に対する悲しむべき罪と悟り、利益はお客とともに分ち合う喜びと知ろう」
六、お互いに知恵と力を合せて働け
「商売の革新と繁栄のために、同友は互いに力を合せ、知恵や知識を借り合おう」
七、店の発展を社会の幸福と信ぜよ
「人間の幸福を果《はて》しなく追求して、商売の発展に永遠の希望を抱きつゞけよう」
八、公正で公平な社会的活動を行え
「社会に貢献する仕事の担い手として、いつも公正で公平な商売をしよう」
九、文化のために経営を合理化せよ
「商売が文化を促進するという信念の下に常に経営合理化の責任を自覚しよう」
十、正しく生きる商人に誇りを持て
「真商道とは、人間の正しさに尽きることと深く認識し、われらは誇り高く生きよう」

私たちは弱く、わずかな風にも揺れ動く浮草のような存在です。ときに怠け、ときに我欲を張り、ときに意固地になって隘路《あいろ》に迷い込み、変化の渦に呑み込まれてしまいがちです。そんなとき本書を手にとり、琴線に触れた一文を読み、自分自身の内面を見つめてください。日々の積み重ねだけが、私たちをどんな疾風を受けても折れない勁草《けいそう》に育ててくれるのです。

倉本はこんな言葉も遺しています。

「商売は今日のものではない。永遠のもの、未来のものと考えていい。それでこそ、本当の商人なのである。人は今日よりもより良き未来に生きねばいけない」

めまぐるしく変わる社会や経済の中にあって、今日よりもより良き未来に生きていくために、本書がわずかでもお役に立つことができれば幸いです。

笹井清範

CONTENTS

# 第一章　損得より先きに善悪を考えよう

五

愛と真実と利潤を
一致させれば
たとえ店は小さくとも
断じて滅びることはない

56

六

利益なしでは続かないが
真の目的は儲けではない
だからお客様のために
売らないことだってある

58

七

儲けようとすると
繁盛は逃げていき
繁盛に努めると
儲けは近づいてくる

60

八

価値がありながら
金で買えないものは多い
商人はそうした愛や真心を
商品に添えることができる

62

九

商人とお客様とが
人としてあたたかいものを
与えあおうと誠実を尽くす
その営みを商いという

64

十

お客様の心とあなたの心が
直にふれあうような
愛と真実に満ちた
心ある商売をしよう

66

# 第二章 創意を尊びつつ良い事は真似ろ

五

小さな一歩でもいい
その一歩の積み重ねが
あなたの商いを磨き
あなたの人生を変える

78

六

雑な心でやった仕事は
すべてが雑用となり
心を込めてやった雑用は
立派な仕事になる

80

七

商売に失敗はつきものだ
ただ良いことには
失敗には必ず教訓があり
今後の希望を伴っている

82

八

古くして古きもの滅び
新しくして新しきものまた滅ぶ
古くして新しきもののみ
永遠にして不滅

84

九

「術」はやり方にとどまり
「道」は在り方に昇華したもの
真の繁盛は
道の先で待っている

86

十

今日善くならないなら
明日に善くなることが
どうしてできるだろうか
さあ、今日を善く生きよう

88

# 第三章 お客に有利な商いを毎日続けよ

# 第四章 愛と真実で適正利潤を確保せよ

# 第五章 欠損は社会の為にも不善と悟れ

# 第六章　お互いに知恵と力を合せて働け

# 第七章
# 店の発展を社会の幸福と信ぜよ

# 第八章

# 公正で公平な社会的活動を行え

# 第九章 文化のために経営を合理化せよ

# 第十章　正しく生きる商人に誇りを持て

# 第一章

# 損得より先きに善悪を考えよう

商売は損得を
離れることは出来ないが、
これからは善悪を
これに優先せしめよう

一―一

# 商売は損得の勘定より
# 善悪の峻別のほうが大切だ
# 採算よりも善悪を
# 第一に考えるのが根本である

## 一人のお客様のために優先するべきもの

私たちは食べなければ生きられない存在です。それは商売も同じこと。だから、損得を尺度とする儲けから離れることはできません。しかし、食べること自体が生きる目的ではないはずです。商売も儲けてこそ続けられますが、儲けること自体が目的ではありません。私たちはしばしば目的と手段を入れ違えてしまいます。

では、商売の目的とは何でしょうか。それは「人の幸せを育むことにほかならない」と倉本長治は説きます。その一点のためにのみ商人は儲ける責務を負い、利益を必要とするのであって、その目的が叶った姿を「繁盛」と呼んでいるだけです。

残念ながら、世の中の「善」とされることの大半は、金儲けと縁が遠いのも事実です。しかし、正しい商いだけは「真」「善」「美」という人間の理想とする価値と一致します。中国古典『孟子』に、「先義後利」という言葉があります。自分の利益（損得）よりも、人としての当然あるべき道、つまり道義（善悪）を優先することの大切さを説いています。経営の目的もそこにあり、利益とはその達成の度合いを測る尺度にすぎません。

さあ、一人のお客様のために心からの誠実を尽くしましょう。目の前の一人のお客様のために損得よりも善悪を優先させましょう。それは必ず自他の「善」に通じ、関わる人すべての幸せにつながることでしょう。

常に本日開店のときの
心構えと努力を保てば
商店というものは
必ず利益が上がるものだ

## あなたの「初心」は、今も燃え続けているか？

本日開店という日の朝、あなたはどんな思いで商うでしょうか。誰しも開店の当日は最高に店をきれいにするはずです。お客様に対して最善の接客に努め、提供する商品に万全の力を注ぐでしょう。そこには、何としてもお客様に喜んでほしいという願いがあります。そんな商いにふれたお客様は、必ず再び来店してくれるにちがいありません。

その喜びを知っている商人なら、朝、店を開けるのが待ち遠しいはずです。商いとは、心の中で「ありがとう」と言ってくれるお客様という名の友をつくる営みなのです。今日という新しい一日に、あなたは何人の友と出会えるでしょうか。

思考を止めた惰性で商ってはなりません。一喜一憂することなく淡々と商いましょう。商いとは、毎日同じことの繰り返しです。毎日同じことを繰り返すからこそ、気づくことがたくさんあります。その気づきの中にこそ、あなたの商いを改善するヒントがあります。

本日開店の朝と同じ気持ちもってお客様を迎えましょう。開店前、店前を掃き清めるとき、お客様の気持ちを想像してみましょう。あなたの店は、その人の目にどのように映るでしょうか。

本日開店という日の朝の志をなくさなければ、お客様は利益をもたらしてくれるのです。あなたの中に、その志は今も燃え続けているでしょうか。

愛をもって生き
愛をもって商えば
嘘も偽りもない
お客様に愛される店となる

## お客様と愛を育むのが、商人の務め

「商人《あきんど》の空誓文《そらせいもん》」（商人の言動には駆け引きが多くて信用できない）や、「商人の嘘は神もお許し」（商人が商売上の駆け引きで嘘をつくのは、神様もやむを得ないとお許しになる）という諺が残るように、かつて商人は嘘を平気でつく卑しい存在とされてきました。

こうした評価に対して倉本長治は、「商いとは消費大衆のために幸福と安らぎを、商品の提供を通じて実現する営みである」と訴えました。ひと言で表現するならば「愛」、つまりおもいやりを尽くす聖業であり、商人の務めとは愛を育むことにあると説きました。

「正直」「誠実」でありましょう。正直とは言葉を行動に合わせること。嘘をついたら「嘘をついた」と言える素直さです。誠実とは行動を言葉に合わせること。「嘘をつかない」と言ったら嘘をつかない徹底力です。心ある商いには、この二つだけがあればいいのです。

お客様は単に「物」を求めているのではありません。物とお金との取引を超えて、商人の「心」を求めています。繁盛は、お客様との間に心の結びつきをどれほど強くできるかによって決まります。資本、設備、経営技術よりも大切なのは「お客様のための店」という嘘偽りのない思いが、店の隅々にまでにじみ出ていることです。

一人のお客様の喜びのために誠実を尽くし、利害を忘れる。そんな美しさこそ、商人のあるべき姿です。お客様とあなたの心が直にふれあうような商売をしましょう。

一―四

愛される商いが
できるかどうかは
心からその商いを
愛するかどうかによる

## 自らの商いを愛し、信じる

自分は人々のために正しいことをしている。生活者が喜ぶよう、その役に立とうと努めている。その結果はきっと自分をも幸福にしてくれる。

こうした信念に従い、希望をもって仕事に向きあうことが善に通じると倉本長治は説きます。信念と希望の上に立たなければ、商売に生きがいを感じることはないでしょう。金銭上の損得にばかりこだわるのは商人の本分ではありません。商人の喜びは、売り買いのたびに勤労の喜びを、あたたかく感じられる営みの中にあります。幸福を感じられる商品を専門知識や長年の経験で提供するために存在するのが商人です。

仙台の山奥にありながら、全国から多くのお客様が引きも切らずにやって来る店があります。おはぎはそんな小さなスーパーマーケット「主婦の店 さいち」の人気商品。一人のお客様からの「東京に行った娘が孫を連れて帰省してくるから、昔食べていたおはぎを孫たちにも食べさせてやりたい」という要望に、本物をつくることで応えたいという店主夫妻の愛から生まれました。

「ああ、いいものが買えた」と喜んでもらうためにあるのが商店です。自らの商いを愛し、理想を持ちましょう。これこそがもっとも手応えのある立派な事業だと信じ、高い希望を掲げましょう。それが人間生活の善にも通じ、自他の幸福にもつながるのです。

一―五

# 愛と真実と利潤を
# 一致させれば
# たとえ店は小さくとも
# 断じて滅びることはない

### 愛をもって商えば、真実をもって売ることができる

本当の商売とは、三つの要件から成り立ちます。自分の仕事が「愛」に基づいているかどうか。行いの隅々まで「真実」に徹しているかどうか。お客様、従業員、取引先、そして自分にも相応の「利潤」をもたらしているかどうか。

「愛」とは他者をおもいやる心の在り方。「真実」とは実践されることの正しさ。「利潤」とは商いに誠実を尽くす結果として得られる果実。この三位一体から生まれる穢れなき正当な報酬を誇り高く手にする――これこそ倉本長治が唱えた商いの正道です。

倉本は商いのもっとも大切な要件として「愛」を掲げた指導者でした。倉本の著作の一つ『商人の哲学』の一節を紹介します。〈パウロが「やむなくば信仰を捨てよ」と言い、「それでも希望は捨てていけない」と説く。もし、その希望をさえ捨てねばならぬときが来たとしても、最後まで「愛は捨てるな」と言っている。これは死ぬまで、いや死んでも捨てるなという人間ぎりぎりの最終のもの、「これなくしては人間ではない」というものである。商人もまた、人間だった〉（原典は新約聖書「コリント人への第一の手紙」）。

愛をもって商えば、真実をもって売ることができます。愛と真実ほど人を動かすものはなく、幾百万の商略も、あの手この手の戦術も、愛と真実ほどに強くはありません。そして本来、利潤とは愛と真実を優先したとき、初めて正しく生まれてくるものです。

一—六

利益なしでは続かないが
真の目的は儲けではない
だからお客様のために
売らないことだってある

## 売らないで済ませることができる販売員こそ、本当の商人

世の中にさまざまな商品があるように、お客様のニーズも一人ひとりさまざまです。それなのに、お客様のためにならない商品を売ってはいませんか。あなたが商品の専門家であればあるほど、本当のニーズから外れているかどうか、わかっているはずです。

「ファッションでは、そのお客様には買っていただかないほうが、そのお客様のためになるという商品もある。それを売らないで済ませることができる販売員こそ、本当の商人」と、倉本長治の教え子の一人、神戸の婦人服店「紅屋」の松谷彰久は言いました。お客様には買っていただかないほうが、その人のためになるという商品もあるのです。

それが売れれば、たしかに目先の利益にはなります。しかし、お客様はその商品を買ったことを心の底から納得してはいないでしょう。それでも、専門家が奨めるのだからと自分を納得させているだけです。そうした店からは、いずれお客様はいなくなります。

お客様の人生を一変させるような商品との出合いを演出するのが商人の務めです。だから、お客様のためにはあえて売らないことだってあるはずです。そこに商人の善があります。顧客利益を最優先する店には、お客様からの「ありがとう」の声があふれるでしょう。あなたには、そういう商売ができるはずです。その道行きにはすごろくのようにあがりはありません。商人は生涯学び続ける使命とやりがいを持つのです。

儲けようとすると
繁盛は逃げていき
繁盛に努めると
儲けは近づいてくる

## 正しい商人は「繁盛」と「儲け」を一致させる

「商いの目的は儲けるところにはない」と倉本長治は断じます。お客様の暮らしを豊かにするところに商人の使命があり、その成果を「繁盛」と言うのであって、結果として儲かるようにするのが商人の務めだというのです。

「商いの醍醐味はお客様の笑顔」という商人が福岡市にいます。青果業を営む「やおや植木商店」の植木宏徳は、野菜や果物には「三つの時」があると言います。

「採れてすぐ食べたほうがよいものもあれば、少し待ったほうがさらにおいしくなるものもある。私たちの仕事は、品種や産地で異なる採れ時、買い時、食べ時を把握し、もっともおいしい食べ時をお客様にお伝えし、家族が集まる食卓を笑顔にすること」という植木の一日は早い。深夜0時過ぎには、まだ人もまばらな市場を訪れ、刻々と入荷してくる品を吟味し、買い付けていきます。

「野菜など食は本来、命を育むもの。利益を生むための道具にするべきではない」という植木にとって、めざすはお客様の笑顔。儲けはその後についてくるものだと言います。事実、20坪足らずの店ながら一日当たりの客数は平日で平均1000人、土日祝日は2000人を数え、一日の坪当たり売上高は20万円という繁盛ぶりが植木の商いを物語っています。

繁盛と儲け、これら二つを一致させるのが商人の正しい姿です。

価値がありながら
金で買えないものは多い
商人はそうした愛や真心を
商品に添えることができる

## 日々の商い一つひとつに、無償の愛を添えよう

「もの喜び」という言葉があります。ちょっとした愛情や親切に気づき、それに感謝できる心情です。とはいっても、愛情や親切は目に見えません。感じるためには、わずかな所作や言葉、しつらえの中に、その人の真心を認められる感受性が必要となります。

もの喜びは、無償の愛を受けることで養われます。商いは物とお金を交換する行為から離れることはできませんが、その行為の中に無償の愛を添えることができる営みです。

そんな愛の表現を日々の商いの中で淡々と続けましょう。お客様に、楽しさやうれしさ、喜ばしさを「商品」に添えて販売するのです。しかも、その「喜ばしさ」は永遠に伝わるような喜びでありたいものです。明日に色褪せるような喜びでは、お客様の喜びは逆にマイナスとなります。そこに商売の永遠なる繁栄があります。

「ああ、この品はあの店で買ったのだ」と後々まで思い出してくれるような、そんな楽しい思い出がお客様の心に染み込んでいくような商いをしましょう。楽しい思い出やそのときのうれしさがお客様の心のどこかに永遠に残るように。これが尊いのです。

あらゆる宗教や哲学で、物質より精神に価値を置くのはそれゆえです。商人も、高貴なる精神を物質に添えて売る存在であるという誇りを忘れてはなりません。良き商人とは良き人間のことであり、文化性を備えるべきというのが倉本長治の教えです。

商人とお客様とが
人としてあたたかいものを
与えあおうと誠実を尽くす
その営みを商いという

## 売上とは、お客様とのふれあいの賜物

「お客様はいつも淋しい」と、倉本長治の同志であり、「商業界」草創期の指導者、新保民八は言いました。だから、私たちはあたたかさで店を満たさなければなりません。ほのぼのとした故郷のようなぬくもりでお客様の心をあたたかく包みましょう。そうすれば、店は「お客様」という名で呼ばれるすべての人の心の癒しの場となります。買物という行為を、満足だけで終わらせずに歓喜の場にしていくことが商人の務めです。

では、お客様の共感と信頼を得るには何が必要でしょうか。それは、お客様を大切な友として遇する心を持つことです。数多くの店がある中、あなたの店に訪れてくれたという奇跡に感謝しましょう。売るということは、お客様と心を通わせる営みにほかなりません。売上とは、人と人との信頼に基づくふれあいの賜物です。そのために私たちはお客様の心を知らなければなりません。同じように私たちは自分の思いを伝えなければなりません。

お客様と商人は、対等な立場にあります。上下の関係ではなく、どちらも同じ人間として、信頼感を醸成することからすべてが始まります。

愛される商人とは、困ったときにはいつでも頼れる隣人であり、見習いたくなるような賢い生活者であり、心許せる誠実な友人であるべきです。商人の道、それは誠実を尽くす人間の道にほかなりません。

## 一一

お客様の心とあなたの心が
直にふれあうような
愛と真実に満ちた
心ある商売をしよう

## ふれあいを続けた先に、繁盛がある

「ふれる」と似た言葉に「さわる」がありますが、じつは似て非なるものです。「さわる」は、相手との感情的な交流を考慮しない、一方的で物理的な関わりをいいます。「ふれる」は、相手の事情をおもいやり、感情を尊重する相互的で人間的な関わりです。

「接客」というとき、あなたはお客様にどちらの心と態度で接しているのでしょうか。おもいやりや尊重の心をなくしたとき、私たちはお客様の心を無遠慮にさわっています。お客様があなたに求めているのはあくまで、ふれあいであるはずなのに。

メキシコには「人間は三度死ぬ」という死生観があります。一度目は心臓が止まったとき、二度目は埋葬されたとき、そして三度目は人々の記憶から消えたときです。

あなたの死後のことを考えてみてください。後継者のところへお客様が訪ねて来て、懐かしそうに「先代には、本当によくしてもらい、お世話になったんだ」と言ってもらえたとしたら、どうでしょうか。あなたも、そう懐かしむお客様もきっと幸せなはずです。

繁盛しようとあくせくする必要はないと倉本長治は繰り返し説きました。努めるべきは、今日もまた人の心の美しさを伝えることです。「人生最後の買物はあなたから買いたい」というようなお客様からの言葉は、ふれあいを続けられた先にあります。

あなたには、そんなお客様がいますか？

# 第二章

# 創意を尊びつつ良い事は真似ろ

商売に創意工夫を尊重し、
なお善いことは研究のうえ
大いに真似る進取性も持とう

本質を真似する先に
工夫に満ちた創意が生まれ
創意が真似の質を高める
この両輪が商いを育てる

## 真似を通じて、独自性への一歩をつかむ

「学ぶ」の語源は「真似る」と同じであり、「真似ぶ」とも言われていました。真似ることは学びの基本であり、良いことの真似から学びは始まります。ただし、目に見える事柄の物真似だけでは、その本質を自分のものとすることはできません。

同業他店の見学を社員に禁じ、真似を徹底的に戒めた商人がいます。セブン－イレブン・ジャパンの創業者、鈴木敏文は「競争相手は同業他社ではなく、めまぐるしく変わる顧客のニーズである」と、顧客の立場で考える視点を徹底させました。じつは、セブン－イレブンそのものは米国発祥の業態。当初は「物真似ではないか」と冷笑する向きもいました。しかし、彼は単に店の造りや品揃えなどを真似したのではありません。コンビニエンスストアという業態の革新性、そしてフランチャイズシステムが持つ共栄の思想を学んだのです。

良いものの中にある本質を理解し、学ぶところに創意が生まれます。形だけを真似て、学びを止めてしまうと陳腐化から逃げられません。事実、セブン－イレブンは顧客から学び続けましたが、同業他社はセブン－イレブンを真似し続けました。

真似から独自性への一歩を踏み出せるのは、本質までを体得したときです。あなただけの独自性である創意は「真似」の積み重ねの末に生まれてくるものです。初めは小さなことの物真似でもかまいません。まずは、今このときの実践を大切にしましょう。

二―二

繁盛という青い鳥は
競合店や業界常識でなく
お客様一人ひとりの
心の中にこそ棲んでいる

## 繁盛の「青い鳥」は、お客様の心の中にいる

童話「青い鳥」。貧しい木こりの家庭の兄と妹が二人で、幸せの青い鳥を求めて、思い出の国や未来の国などさまざまな場所を探しまわる物語です。それぞれの場所で青い鳥を見つけるものの、途中で黒い鳥に変わったり、死んでしまったりしてなかなか持ち帰れません。結局のところ探していた鳥は、もっとも手近な自宅の鳥籠の中にいたという話です。

これと同じ過ちを、あなたは犯していませんか。売れ筋商品はないかと他店の品揃えに気をとられたり、同業者の儲け話をうらやましがったり、業界という狭い村社会の常識に安住していませんか。これらはどれも過去の他人事です。

世界展開するユニクロの中でもトップランクの売上を上げる旗艦店の店長は、日に何度も店頭に立ち、売場を回り、お客様の様子を観察していました。その理由を「現場には、きれいにまとめられた数値データにはあらわれない真実がある」と語りました。

商人にとってもっとも身近で大切な青い鳥は、あなたの店を訪れてくれるお客様の心の中にこそ棲んでいます。売場で見せるお客様のちょっとした所作や表情からひとときも目を離さないでください。売場でつぶやかれる小さな声に聞き耳を立て、クレームならば真摯に寄り添い、お客様の心の中を探してください。繁盛の青い鳥は必ずそこにいます。探し続けていれば、いつか必ずあなたも出合えるでしょう。

# 小さなことでよい
# 初めは物真似でよい
# 実践なくして
# 成就することは何もない

## 他者から学び、実践の意志を持つ

生前には1枚しか絵が売れなかったオランダの画家、ゴッホ。太く短く生きた生涯におよそ2000点の作品を遺した彼ほど、模写に努めた画家も少ないのではないでしょうか。まずはハーグ派からモティーフに対する真摯な姿勢を学び、その後パリに出て印象派から躍動する色彩を取り入れていきます。彼は模倣を通じて新たな技術と知識を身につけることで、彼は今も多くの人の心を打つ独創性にたどりついたのです。

日本の宇宙開発・ロケット開発の父と呼ばれた糸川英夫博士は、「独創は他者からの学びと実践の意志から生まれる」と説きました。「人生で大切なのは失敗の歴史である」という彼の言葉も、後進の科学者のみならず多くの人を励まし続けています。

糸川博士は独創力を発揮する三つの要件を挙げています。

第一にやりたいと思ったことをやりとげる強い意志。第二に先人など他者から徹底的に学ぶこと。そして第三は世に認められるには他者とのネットワークをしっかり築いて良い関係を育んでおくことの三点です。

ニュートンも自らの功績について「私が彼方を見渡せたのだとしたら、それは巨人の肩の上に立っていたからである」と、先人からの学びの重要性を説いています。商人にとっても、お客様、従業員、取引先との絆が重要なことは言うまでもありません。

二—四

挑戦とは
大きなことを明日することではない
明日行うつもりの凡事を
今日終わらせることである

## 誰にでもできることを、誰よりも徹底する

凡事を徹底した商人がいます。自動車用品店チェーン「イエローハット」創業者の鍵山秀三郎が徹底したのは掃除でした。半世紀以上前にたった一人で始めた掃除が、やがて「日本を美しくする会」に発展、今では海外にも広がっています。

「今まで、誰にでもできる平凡なことを、誰にもできないくらい徹底して続けました。そのおかげで、平凡の中から生まれる、大きな非凡を知ることができました」と言います。毎日続けるから、微差、僅差に気づくことでき、その積み重ねが大差となるのです。

「1・01と0・99の法則」をご存じでしょうか。現状を「1」としたとき、0・01を加えた「1・01」を少しの努力とすると、少しの怠惰は0・01を引いた「0・99」。両者の差はわずか「0・02」にすぎませんが、この差が1年間続いたらどうなるでしょうか。

1・01を365乗すると37・783。反対に0・99を365乗すると0・025。同じ「1」が38倍にもなれば40分の1にもなり、1年間でおよそ38倍の差が生じます。たった1％と侮ってはいけません。1％の積み重ねだけがあなたの商いを高みへと導くのです。

「こんなものだ」とか「今日はこれでいいか」と思ったとき、あなたの商いはそこまでです。一日の時間にすれば1％は15分程度。この少しの努力の積み重ねの先に、明るい光が待っています。

小さな一歩でもいい
その一歩の積み重ねが
あなたの商いを磨き
あなたの人生を変える

## 一歩一歩を積み重ねた先に「商いの本質」がある

ピカソはあるとき、レストランで居合わせた一人の女性客に絵を頼まれた際、ナプキンに30秒ほどすらすらと描き、1万ドルを請求したそうです。「描くのに30秒もかかっていないのに⁉」と驚く女性客に、ピカソは「いや、30年と30秒だ」と言いました。出典不明で真偽はわかりませんが、積み重ねた修練の価値をあらわした逸話として知られています。

昨日より今日、わずかでも商品知識を磨き、技術を高めましょう。向上心の有無をお客様は見逃しません。販売や製造技術の巧拙よりも、修練すべきはその点にあります。

ある寂れた商店へ一人のお客様がやってきて、熱心に商品を探しだしました。彼は、望む商品を求めて何軒も店を回ってきたと言います。しかし、その店にもありませんでした。

お客様の落胆する様子を見て、商人はなんとか要望に応えようと、問屋やメーカーに問い合わせ、サンプルを仕入れては自分で試しました。一人のお客様の満足のために、彼は寝食を忘れて商品の研究を続けました。とうとう最適な商品と出合い、お客様を笑顔にすることができたときに、彼は売上よりも大切なものを得たのです。

それは、一歩一歩を積み重ねた先にある商いの本質。お客様の心からの喜びの実現こそ商人の使命であり、店に繁盛をもたらすのだという確信です。今、彼の店が多くのお客様でにぎわっていることは言うまでもありません。

雑な心でやった仕事は
すべてが雑用となり
心を込めてやった雑用は
立派な仕事になる

## どんなに小さな雑事でも、極める

「どうして草を刈ったのかね？」と昭和天皇は、留守中に住まいの庭の草を刈った侍従の入江相政《すけまさ》に尋ねられました。入江は褒められると思い、「雑草が茂ってまいりましたのでお刈りしました」と答えたそうです。すると天皇は「雑草という草はない。どんな植物でもみな名前があって、それぞれ自分の好きな場所で生を営んでいる」と諭されました（出典：『宮中侍従物語』）。生物学者でもあった昭和天皇のお人柄を忍ばせるエピソードです。

私たちは日々の仕事の中で、同じ過ちを犯してはいないでしょうか。この世に雑草という草がないのと同じく、仕事に雑用という用事は存在しません。あるとしたら、仕事に向き合う者の雑な心だけです。どんな小さな雑事も、極めれば人を感動させる仕事になります。逆にどんなに立派そうな仕事も、雑に取り組めば人を興ざめさせる結果を招きます。

「あなたは、あたかも今日死ぬように、あなたのあらゆる行為と思想とを整理すべきである」と倉本長治は言いました。今日善くならないなら、どうして明日善くなることができるのでしょうか。倉本は、そう問うているのです。

時は刻一刻と過ぎていきます。今という時間がとどまることはありません。だからこそ、その一瞬一瞬を大切に生きていく。だからこそ、今を雑な心で向きあってはなりません。人生に一つも雑事などないのですから。

二―七

商売に失敗はつきものだ
ただ良いことには
失敗には必ず教訓があり
今後の希望を伴っている

## 「見る→思う→考える→行動する」のサイクル

人間にしかできないことは何でしょうか。一つは〝気づく能力〟だと言われています。その能力を高めるために大切なのは「見る→思う→考える→行動する」というサイクルを回すことです。これほど、心ある商いにとって重要なものはありません。

このサイクルは「行動する」まで到達して、初めて意味を持ちます。行動しないと考えなくなり、考えないと思わなくなり、思わないと見えなくなります。あなたにも、いつの間にか見えなくなったものがあるかもしれません。

行動に移せば、成功することも、失敗することもあります。しかし、間違いはありません。失敗は、どうしても防ぎようなく「起きること」です。間違いは、防ぐことができたのに「犯すもの」です。失敗の先には希望や将来があり、「成功」が待っています。間違いは怠惰とともにあり、「後悔」へとつながっています。失敗は、前向きなチャレンジがもたらす「果実」です。間違いは、不完全な人間ゆえに抱える「負債」です。だから、失敗を恐れない勇ましさを持ち、間違いを改める素直な心を持ちましょう。

過去の行動一つひとつを吟味して、失敗と間違いを仕分けしてみましょう。どちらも自身の分身のように愛おしい存在だと気づくのではないでしょうか。なぜなら、それらにきちんと向きあうとき、失敗は成功の素に、間違いは成長の糧になるからです。

二一八

古くして古きもの滅び
新しくして新しきものまた滅ぶ
古くして新しきもののみ
永遠にして不滅

## 「伝統と革新」は、目の前のお客様のため

「正しきに　依りて滅ぶる　店あらば　滅びてもよし　断じて滅びず」とは、広告の第一人者でもあった新保民八の遺した言葉です。じつは、この言葉は次のように続きます。「古くして古きもの滅び　新しくして新しきものまた滅ぶ　古くして新しきもののみ　永遠にして不滅」。では、いったい何が古いのでしょうか。何が新しいのでしょうか。

この言葉の前半は〝在り方〟を、後半は〝やり方〟を指します。在り方が成熟していても、やり方が革新性を失えば滅びます。やり方が革新的でも、在り方が未熟ならやはり滅びます。唯一、永遠にして不滅たりうるのは、古くして新しきもののみです。

室町時代に京都で創業した羊羹の「虎屋」。500年近い歴史を持ち、お客様一人ひとりに真摯に向きあい、思いにお応えすることを大切にする接客で知られています。

その赤坂本店には新装開店を機に、羊羹の自動販売機が設置されました。その理由を虎屋17代目当主は「お客様の中には人と接したくない方もいらっしゃるかもしれないし、同じ方でもその時々によって『今日はゆっくりおしゃべりしたい』『今日はパッと買物を終えたい』などと、気分が変わるのは当たり前のこと。そこを理解しないまま、お客様に接していないかと問うてみたのです」と述べています。この言葉に、目の前のお客様に喜んでいただくために変化を厭《いと》わない、老舗の「伝統と革新」を見るのです。

「術」はやり方にとどまり
「道」は在り方に昇華したもの
真の繁盛は
道の先で待っている

## あなたの商売に〝商道〟はあるか

「術とは策略やたくらみであり、道とは自然の法則や人が守るべき道理。商売の目的は、お客様に喜んでいただくこと。商人の多くが人をだまして儲けることに躍起になって、術の世界に陥っている」とは、靴下製造小売企業「タビオ」創業者の越智直正。

中学を卒業して大阪の靴下問屋に丁稚奉公以来、生涯を靴下ひと筋に捧げた彼が創業以来大切にしてきた理念に「凡そ商品は　造って喜び　売って喜び　買って喜ぶようにすべし　造って喜び　売って喜び　買って喜ばざるは　道に叶わず」があります。江戸時代の農政家、二宮尊徳が遺した言葉に「造って喜び」が加えられたものですが、その理念のとおり、同社の高品質靴下は多くの利用者に愛され続けています。

「多くの商人は道を学ばず、術ばかり研究している。商いも〝商道〟にならないかぎり残っていけない」、越智はこう語ります。

商人の価値は、どれだけ儲けたかではなく、商売を通じてどれほど関わる人たちを幸せにしたかで定まります。つまり、商売は公正で公平でなければなりません。

公平とは「判断や言動などがかたよっていないこと」、公正とは「公平さが正しさを伴っていること」を指しています。すなわち、公正で公平でなければ、それを商売とは呼ばないのです。

二十

今日善くならないなら
明日に善くなることが
どうしてできるだろうか
さあ、今日を善く生きよう

## たゆまぬ誠実な努力が、あなたに天職をもたらす

「天職」という言葉があります。天から授かった神聖な職業であり、自身の天性と一致する仕事のことです。英語で「calling」とあらわし、神からの使命を語源とします。

あなたは今の職業を「天職」と胸を張って言えますか。キャリア（carrier）という言葉は働くことに関わる「継続的なプロセス（過程）」と、働くことにまつわる「生き方」そのものを指しています。だから「キャリアを積む」とは、仕事を通じて身につけていく技術・知識・経験に加えて、人間性を磨き、生き方を高めていくことにほかなりません。

それが明日からでよいわけがありません。お客様の笑顔を思い、毎日を誠実にたゆまぬ努力をすることを楽しみましょう。次に、お客様一人ひとりを人間として理解することに努めましょう。あなたもそうであるように、世の中に誰一人として同じ人はいません。それぞれが持っている願いに聞き耳を立て、本人も気づいていない心に寄り添いましょう。

確かな技術と知識を身につけようと努める姿勢を、お客様は見ています。たとえ未熟でも、進歩しようとするあなたの誠実さこそ、お客様とあなたを結ぶ虹の架け橋なのです。なぜなら、そこに純粋な使命感があるからです。

今日を善く生きましょう。振り返ったとき、感謝するできごとにあふれる一日を過ごしましょう。その積み重ねが、あなたに天職をもたらし、あなたの生き方を高めてくれます。

# 第三章

# お客に有利な商いを毎日続けよ

お客に喜びや
利益を与える営みが
商人の正業《なりわい》と知って、
これを素直に実践しよう

# 繁盛とは
# 一人ひとりのお客様に
# 繰り返し買物いただく
# 積み重ねにほかならない

## 毎日の地道な積み重ねが、お客様からの信頼を育む

「1：5の法則」というマーケティング用語があります。新規顧客を獲得するには、既存顧客の5倍のコストがかかるというものです。新規顧客は獲得コストが高いにもかかわらず利益率が低いので、新規顧客の獲得以上に既存顧客の維持が重要だという考え方です。

さらに、アメリカの大手コンサルティング会社の著名ディレクターが導きだした「5：25の法則」によると、顧客離れを5％改善すれば、利益が25％以上改善されるといいます。一人のお客様に長く愛顧いただくほうが得だというわけです。

もちろんこうした損得勘定だけではなく、一人のお客様に頼りにしてもらい、それに応えようと努力する営みの中にこそ、仕事の喜びはあります。そんな信頼関係を育めたら、新しいお客様はその人が連れてきてくれるものです。しかし、それは毎日の地味な仕事の積み重ねを通じてしか実現できません。一人ひとりのお客様に最大限の努力をして、信頼の絆を強めていきましょう。

「『この社員から買いたい』『この店が好きだ』というお客様を何人つくるかが商いの極意なのです」とは、埼玉県を拠点に1都6県に店舗を展開する食生活提案型スーパーマーケット「ヤオコー」の実質的創業者、川野トモの言葉。2023年3月期現在、34年連続増収増益を続ける業績の根本には、信頼の絆を第一とする創業者の教えがあります。

お客様にとって
買物はいつも真剣勝負
その真剣さに
真摯に応えられる商人であろう

## お客様の買物に、真摯に向き合う

「お客様が一切れの塩鮭を見ているとき、本当は懐の財布の中を見ているんだよ」と、ヨークベニマルの創業者、大高善雄は言いました。この意味がわかったとき、お客様の思いに応えられる商人になれます。お客様にとって、買物は常に真剣勝負です。

買物とはまさに自己表現そのもの。勤労の対価を用いる神聖な行為です。生活者にその自覚があるか否かは横に置いても、商人はその事実に真摯でなければなりません。

「物買ってくる　自分買ってくる」

柳宗悦らとともに民藝運動を牽引した陶芸家、河井寛次郎の言葉として知られています。無名の職人が庶民の暮らしの生活のためにつくった品には飾らない美しさがあり、それを「用の美」と言います。民藝の本質は、実用性、無名性の中に宿る健康的な美にあります。

買物の喜びが時を重ねるたびに増していくような、商いをしましょう。どこで買ったか忘れられてしまうような商売に商人の生きがいはありません。買うたびにあなたとあなたの店が思い出されるような売り買いに努めましょう。

「物売っている　自分売っている」

寛次郎に倣うならば、こう表現したいところです。そんな商いを一つひとつ重ねていく先に、あなたの商人としての喜びが、いえ、一人の人間としての幸せがあるのです。

# お客様の心を
# 自分の心と重ねられたとき
# 本当にやるべきことは
# おのずと見えてくる

## あなた自身が「お客様の心」となる

「客の心を心とせよ」とは倉本長治の教え子の一人、ダスキン創業者の鈴木清一がミスタードーナツを事業展開するにあたって贈った言葉として知られています。お客様の心に自分の心を重ね、お客様の立場になりきることの大切さを説いています。

お客様と友だちとなる――それが商いの理想です。お客様とはだましたり、あざむいたりする敵ではありません。お客様は友であり、親しい仲間でなければなりません。双方の間にあるのは〝おもいやり〟であるべきなのです。親しい友だちに対して、損得を第一に考える人間はいません。相手に対して、どうやって喜びを提供するかを考えるものです。そのためには、相手のことを知らなければなりません。

商人とお客様の関係がそうあるためには、商人はプロでなくてはなりません。それが商人の役割であり、使命です。単にお客様に馴れあうことが、友だちになることではありません。自らの知識と技術を高める道を歩むとき、商人は初めてお客様と友だちになれます。その道には終わりはありません。

あなた自身がお客様の心になれたとき、あなたの愛はお客様に届きます。そこまでなりきれる努力と精進を重ねましょう。そのとき、お客様はあなたを信じる者、すなわち「信者」となってくれるのです。儲けはその後必ずやってきます。

三—四

自分が客として
他店で買物するときに
こうしてもらいたいと
思うとおりをすればいい

## お客様の身に置き換えて考える

書店のビジネス書の棚に販売や営業を指南する本がたくさん並んでいるように、多くの商人が売ることに悩んでいます。あなたはどうでしょうか。

売れないことを思い悩む必要はありません。販売や営業はとてもシンプルな仕事だからです。なぜなら、私たちは販売員や営業パーソンである前に、毎日を懸命に生きる生活者であり、賢い買物をしようと努める消費者であるからです。自分が、「客」という立場から「こうしてほしい」と思うことを素直にやればいいと倉本長治は説いています。

販売とは、単に商品を売ってお金を受け取るだけの行為ではありません。商品を通じてお客様の暮らしを豊かにするやりがいのある営みです。

売るという行為は、お客様と心を通わせる営みです。人と人とのつきあいから始まります。人が持つ善なるものがすべての基本です。大きなことも小さなことも、自分の身に置き換えて考えてみましょう。そうすると何をすればよいかが、自然と見えてくるでしょう。誰でもが共通に感じる思いの中にこそ、本当に大切なことが隠されています。

これからの商いは、お金で買えない価値を創造するという難しい仕事になります。その仕事に惜しみなく、自分の人間性を発揮して人の役に立ちましょう。そうすればその人は「ありがとう」と感謝をしながら、儲けという結果を与えてくれるでしょう。

# お客様に対して
# 巧みに説明できるよりも
# お客様の要望を
# 素直に聞ける接客をしよう

## お客様をしっかりと見ているか？

「鹿を追う猟師は山を見ないというが、儲けばかりを追う商人はお客を知らない」と倉本長治は言いました。私たちはお客様のことを果たして本当に見ているでしょうか。

あるマーケティング会社がこんな実験をしたそうです。視線の動きを記録できる装置を販売員につけて調査したところ、販売成績の良い販売員はお客様が入店してくると、すぐに相手の目を見つめ、その後もお客様の様子を折々に見ていたそうです。一方、成績の優れない販売員はお客様が入店してきてもすぐには認識せず、しばらくしてようやく認識すると、あとはお客様より、お客様が関心を示した商品に視線が集中していたそうです。

人の行動とそこにあらわれる心の動きに焦点を当てるか、売りたい商品に目を奪われるか。あなたの接客はどちらでしょうか。いくら商品というモノに注意を向けても、〝買う〟という行為をするのはお客様という人間です。私たちが見るべきは人、そしてそこから汲みとれる心の動きであるはずです。

接客のとき、それぞれが話している時間を意識してください。ひたすら話して、お客様を説得しようとはしていないでしょうか。説得とは相手に得を説く、相手にわからせることです。一方、納得とは相手が得を納める、相手本人がわかることです。説得と納得、あなたの接客はどちらでしょうか。

自分も欲しい
自分でも買いたいと
思う商品でなければ
お客様に奨めてはいけない

## 買物をしたお客様は、本当に喜んでいるか？

「商売とは、売って喜び、買って喜ぶようにすべきである。そこに喜びがなければ本当の商売とは言えない」とは、江戸後期の農政家、二宮尊徳の言葉。このとき「売って喜ぶ」とは何を意味するのでしょうか。儲かったことを喜んでいる限り、あなたの商いは大成しません。喜ぶべきは、買った人が喜んでくださったという事実にあります。

二宮尊徳と言えば、「道徳なき経済は犯罪であり、経済なき道徳は寝言である」という言葉も有名です。経済と道徳の融和を訴え、私利私欲に走るのではなく社会に貢献すれば、いずれ自らに還元されると説いた報徳思想の根幹です。

そこには人が持つ最上の心の一つ、おもいやりがあります。倉本長治は商人にとっていちばん大切な心構えは「恕《じょ》」であると説いています。古代中国の思想家、孔子が弟子に尋ねられ、人として生きていく上でいちばん大切なこととして挙げた「恕」のことです。自分以外の存在に「幸せになってもらいたい」と願う心です。

商いにおける道徳とは、おもいやりを根幹とする経営理念の実践にほかなりません。経営理念の中心におもいやりを置きましょう。そのとき、あなたの仕事は人と人の心を結びつけます。暮らしを心豊かにするよう役立つところに商人の喜びはあります。あなたが価値を認め、欲しいと思う商品、それこそがお客様にお奨めすべき商品なのです。

# 商品を売るたびに
# 支払わなくても
# 買えるものがある
# 好評か悪評かのどちらかである

## お客様の笑顔の、その先にあるもの

商う上で、私たちが目を向けるべき対象は誰でしょうか。「1人の人は平均で250人の人とつながっている」とは、世界ナンバーワンのセールスマンとしてギネスブックにも載るジョー・ジラードの言葉で、「250の法則」とも言われます。お客様1人を満足させれば、そのお客様とつながった250人にも広がる可能性があります。一方で、お客様1人を不快にさせてしまうと、250人に悪評が伝わる恐れがあります。

接客や営業は一期一会。常に真剣に向きあいましょう。

「料理道具の聖地」と呼ばれ、多くの料理愛好家に愛される東京・浅草の料理道具専門店「飯田屋」の店主、飯田結太は事業を承継して間もないころ、競合店にばかり目を向けていたと言います。そこで彼は、数ある競合店の価格をすべて調べ上げ、彼らに価格で勝《まさ》ろうと品質を落としてまで最安値をつけました。しかし、お客様は誰も振り向いてくれず、既存客さえ落ちた品質に呆れて離れていきました。

倒産瀬戸際に追い込まれた失意のある日、たまたま訪れたお客様の要望に彼は全力で向きあい、努力の末にお客様の望みを叶えました。すると彼の心に、他店を気にしていたころには感じられなかった喜びが湧き上がってきたのです。その日を境に、彼は繁盛の道を歩みはじめます。商いは、目の前のお客様の笑顔がすべての出発点です。

店が行う大宣伝よりも
一人のお客様による
小さな声の感動のほうが
店を繁盛へと導く

## 何万人のデータも、一人ひとりの満足があってこそ

「顧客データ」の必要性が言われて久しくなりました。ＣＲＭ（Customer Relationship Management／顧客関係管理）を活用したデータの分析に各社がしのぎを削っています。

しかし、盲目的に顧客データを信用してはいけません。こう表現したとき、お客様は人格を失い、数字の一つとなり、生きているあたたかさを失くしてしまうからです。

何百人、何千人、何万人を記録した顧客名簿があったとしても、それ自体に大した価値はありません。名簿の中の一つひとつの購入履歴にお客様の満足がなければ、それは明日につながる命を持ちえません。お客様から信じられ、愛されることがなければ、商いは本物ではありません。ここに顧客データ妄信の落とし穴があります。

顧客データを集めて満足している人を、倉本長治は「『私は百人の女に惚れている』と豪語する勘違い男のようなものだ」と表現しています。たった一人でも、本当に惚れられるような商いを積み重ねましょう。そうして得られたお客様こそ貴いのです。

「他人さまには幸せを、そして自らには厳しい鞭を。ここに商人としての真の道がある」とは、江戸時代に材木商から興った近江商人、菓子の「たねや」の経営方針の冒頭の言葉。商人の道とは人の道。「商人である前に良い人間であれ」と倉本は説きましたが、それこそ愛される商人の要件だとわかります。

# 買う前と買うときと
# 買った後でそれぞれ異なる
# お客様の期待に応え
# 三度の満足を提供しよう

## 買物の「三つの感情」をとらえる

いつも時代も、お客様にとって買物は真剣勝負。購入前には「本当にこの買物は正しいのだろうか？」と不安を抱いています。スマートフォン一つで大半の買物が済んでしまう時代になり、何か欲しい物があれば、多くのお客様はまず情報を「検索」します。そして価格、仕様、ユーザーレビューを確認し、最後に買う「場所」を選びます。多くの店の中からあなたの店が選ばれる確率は下がり続けているのです。

ならば、一人ひとりのお客様それぞれに異なる最適解を伝えましょう。そこに誠実さを認めれば、お客様の購入前の期待値は健全に高まります。これが一度目の満足です。

決断の末に購入したお客様が、その商品を手にしたときの感情を思いましょう。たとえ商品に満足してくれたとしても、油断は禁物。商品包装、会計のやりとり、お見送りの瞬間まで真心を込めるのです。それら一切がお客様に快適を与えたとき、お客様はより強い満足を抱いてくれます。二度目の満足です。

そして商品を使ったとき、食べたとき、身に着けたとき、お客様は三度目の感情を抱きます。買物が本当に正しかったかどうかは、このとき決着します。期待以下なら不満、期待どおりなら満足、期待以上であって初めて満足以上の感情を抱きます。お客様の次回のご来店は、三度の満足あってこそ生まれます。

三一十

商いの目的は
儲けではなくお客様満足
その目的の先にこそ
皆が幸せになる繁盛はある

## 商売は、人のために役立つもの

私たちの暮らす人間社会は、数々の問題を抱えながら、そのときどきの「誰か」が提示した解決策によって乗り越えてきました。私たちは、「誰か」のおかげで、今を幸せに生きることができます。商人の務めとは、その「誰か」になろうとする営みの中にあります。

「利他の歩みこそより大きな自己実現への道」とは、チョーク製造会社、日本理化学工業の大山泰弘の言葉です。知的障がい者雇用を通じて、誰もが「誰か」のためになれることを証明しました。人間の究極の幸せとは、「誰か」のために働くことによって得られるのです。

同社工場の敷地内「働く幸せ」の像には、次のような一文が刻まれています。

「導師は人間の究極の幸せは、人に愛されること、人にほめられること、人の役に立つこと、人から必要とされること、の四つと云われた。働くことによって愛以外の三つの幸せは得られるのだ。私はその愛までも得られると思う」

倉本長治は、商いと金儲けの違いを「商売は一品売るごとにお客様の喜びと満足が長く続く性質を持つ。金儲けには、このような心の満足を相手に与えることがない。そこに商売と金儲けの大きな開きがある」と断じています。人のために役立ちたいという使命感が持てることほど、毎日の商売を楽しく、やりがいあるものとするものはありません。

第四章

# 愛と真実で適正利潤を確保せよ

博《ひろ》い愛情、
隠すところのない真実と
懸命な精進とで
必要な最低利潤を確保しよう

# 商いの本質は
# 繰り返しにある
# 継続して儲からなければ
# 本当の利益とは言えない

## 利益とは、積み重ねにほかならない

真の繁盛は、一人のお客様が繰り返して買物してくれることの積み重ねによってのみ実現されます。だから初めは、一人のお客様から信頼されることに全力を注ぎましょう。それを毎日続ければ、信頼の絆で結ばれたお客様が新しいお客様を連れてきてくれるようになります。

天保2年（1831年）、髙島屋創業者の飯田新七が京都で古着木綿商を始めたとき、店則を「品物の良し悪しは明らかにこれを顧客に告げ、一点の虚偽あるべからず」と定めました。商売とは誠実一路であるべきと、生涯をかけて切り開いた道がここにあります。

天和3年（1683年）、三井越後屋呉服店の創業者、三井高利は「店前現銀無掛値《たなさきげんきんかけねなし》」と正札販売を掲げ、さらに「この品御意に入り申さず候はば、いつにてもお戻し遊ばざるべく候。代銀返上仕《つかまつ》る可《べ》く候」という無条件返品保証の引き札を江戸中に配って約束しました。一人のお客様のために、商人としての責任を負いとおす商売が今日に続く老舗ののれんを育んだのです。

本当の商いは継続して儲からなければ続けられません。そのためには、常に変わり続ける決意を持ち、挑戦をやめないことです。川を上るように、漕ぎ続けなければ後退するだけです。常に変わり続けてこそ、私たちは継続していくことができるのです。

常にお客様の利益を守り
かつ己の利益も外さない
正しい利益を生み出す
不退転の売価を付けよう

## 価格は商人の哲学を映し出す鏡

「わけあって、安い。」をキャッチフレーズに1980年に誕生した「無印良品」。生活の基本となる本当に必要なものを、本当に必要な形でつくるために、商品開発の過程で素材や生産工程を見直してきました。では、適正な品質、適正な価格とは何でしょうか。

倉本長治の教えを愛する良品計画の金井政明は「その答えを得るには、生活者になること、とってもスマートな『最良の生活者の像』を考えること」と明らかにしています。

同社には適正な品質と価格に向かうための三つの言葉があります。第一の「ずっと良い値。」は下着や靴下、普段着、文房具など使用頻度が高く日々の生活に密着している中心的な商品群で、生活者の「良いものをできるだけ安く買いたい」という気持ちに応えること。第二の「こだわりたい値。」は長く使うベッドやソファ、家電製品、衣服などで、「少々高くても良いものを」に応えること。第三の「得した値。」は消耗頻度も高い商品で、「お得感があり、かといってただ安いだけではなく、素材や工程、包装などに工夫があり、安いということに後ろめたさを感じずにたっぷり使いたい」ものです。

価格は商人の哲学の反映であり、品質は商人の誠実さを映し出す鏡にほかなりません。あなたの店に並ぶ一つひとつの商品の価格と品質を見直しましょう。常にお客様の利益を守りつつ、かつ己の利益も外さない値決めこそ商いの要諦です。

利益とは
お客様から信頼された証拠であり
商人が責任を負う
未来のための資源である

## 適正な利益は未来のための資源

私たちはこれまで安さに頼りすぎました。競合店に対抗しようと、売れ行きが悪いからと、安易に値札を書き換えてきました。やるべきは、従業員や作り手が仕事を通じて成長し、より良い商品を提供できるように、より豊かになってもらうことです。

そうした豊かさから生まれる価値を、あなたの店で得られるのは誰でしょうか。もちろん、お客様です。そのために私たちはもっと儲けなければなりません。利益とはお客様から信頼された証拠であり、商人が責任を負う未来のための資源なのです。

「変わり者」と言われた商人、熊本県菊池市の「渡辺商店」の渡辺義文は家業を継いだ途端に、酒業界を大きく揺さぶる価格競争の嵐に巻き込まれ、薄利で売ることが仕事の中心となり、商売に希望を見いだせずにいました。それでも「子どもたちのために日本の農業と食を良くしたい」という想いを持ち、地元の自然栽培生産者による米の販売に取り組みました。紆余曲折を経て、今では全国に顧客を持ち、繰り返し利用されています。

「売れて儲かれば何でも売る〝売人〟ではなく、作り手と食べ手を幸せにする〝商人〟でありたい」と彼は言い、生産者との取引のほぼすべてを生産者からの言い値で買い取ります。その根底には本物をつくる生産者を守り、その農作物を未来につなげていきたいという思いがあるのです。

# 利益は
# 大きいから見事なのではない
# 質の良さを伴ってこそ
# 本当の価値がある

## 「量」の価値は「質」を伴ってこそ

売上高や利益といった数字であらわせる「量」は商売をする上で避けては通れない大切なものさしです。お客様一人ひとりの満足の積み重ねが「量」としてあらわれます。

しかし、それだけを拠りどころとして商いを続けると、繁盛への道に迷いが生じます。「質」というものさしがあることを忘れてはなりません。質を伴ってこそ、量や数は意味を持ちます。質を忘れて、量や数を追求したとき、商いは滅びます。

かつて「五つのＮＯ」という標語を掲げ、売上拡大をめざした店がありました。「説明しない」「展示しない」「交換しない」「解約しない」「無料サービスはしない」というもので、低価格実現のためにさまざまな顧客サービスを削減する経営姿勢は「安さこそ正義」と声高に叫んでいるようでした。一時は他店にない安さに惹かれた消費者に支持され、売上拡大と多店舗化に成功しましたが、他店が価格競争に追随してくると、量的拡大は長くは続かず倒産。そのさまは、急激に膨らんだ風船が己の限界を超えてはじけるようでした。

「精神、魂、心の在り方こそ商いの本質」と倉本長治は説きました。いくら儲かっても、大企業となっても、業界に覇を唱えても、その心が空疎では、商人の本当の喜びはありません。商いの本質は、あくまでも一人ひとりに幸せを売ることにあります。数や量よりも、その内容や人の心の在りようが忘れられていては意味を持ちません。

# 商売の目的に
# 利益は含まれていない
# 目的を実現するために
# 利益が必要なだけである

## 本来の目的を見失っていないか

目的と目標、この二つの違いは何でしょうか。「目的」とは的《まと》という字が示すように、最終的にめざす到達点を指します。対して「目標」とは標《しるべ》とあるように、目的を達成するための目印です。つまり、目的を達成するために目標があり、目標をクリアするためにとられるのが手段です。目標は具体的であり、目的は抽象的なもの。なぜなら、目標は数値であらわせるけれど、目的は数値ではあらわせないからです。目標はいくつあってもかまいませんが、目的はたった一つであるべきです。

人は目標を追うあまり、往々にして目的を見失ってしまいます。目標をクリアするための手段が目的にすり替わり、本来の目的を見失ってしまう過ちを犯してしまうのです。なぜなら、目的は目に見えないから。20世紀前半のフランスの作家、サン＝テグジュペリは自著『星の王子さま』で、主人公に「心で見なくちゃ、ものごとはよく見えないってことさ。かんじんなことは、目に見えないんだよ」と語らせています。

あなたの商いに「かんじんなこと」は何でしょうか。利益でしょうか。それとも、利益を得ることを通じて実現したい何かでしょうか。利益は具体的であり、目で見ることができ、数値であらわせます。サン＝テグジュペリは「人間はね、急行列車で走りまわっているけれど、何を探しているのか自分でもわかっていない」という言葉も遺しています。

儲かることと
繁盛することは別である
これを一致させるのが
商人の正しい姿である

## あなたの商売に、欠かせない「志」はあるか

「道の精なると精ならざると、業の成ると成らざるとは、志の立つと立たざるとに在るのみ。故に士たる者は其の志を立てざるべからず」は、幕末の思想家、教育家、そして革命家であった吉田松蔭が17歳のとき、旅立つ友に「どんなことをするにもしっかりとした志を持つことが大切だ」と贈った言葉として知られています。松蔭は29歳でこの世を去るまで、志の重要性を後進に説き続けました。志は、あなたの商売にも欠かせない支柱です。

では、志とは何でしょうか。その答えは、限られた資源をかけて「何のために商売をするのか？」という問いの中にあります。「夫《そ》れ志の在る所、気も亦《また》従ふ。志気の在る所、遠くして至るべからざるなく、難《かた》くして為すべからざるものなし」と松蔭は続け、志があればどんなに目的が遠くとも達成できると友を励ましました。

本当の商いも志なくして成り立ちません。「商売の目的とは、人の幸せをつくること」と倉本長治は説きます。その一点のためにのみ商人は儲ける義務を負っています。目的が叶った結果として利益が得られるのです。

商人の幸福とは、買う人の幸福をつくるところにあります。だから繁盛という大樹は、売る者と買う人それぞれの幸福の双葉から育ちます。小さな双葉が枯れないように、志という栄養を欠かさずに与えてやりましょう。

何のために
どれだけ儲けるかを
もう一度考えよう
それが商いの出発点だ

## 商売は単なる金儲けではない

あなたは儲けることに、なぜそれほどまでに躍起になっているのでしょうか。「それが商売というものだ」と決めつけ、あなたは大切な人生を無駄にしていないでしょうか。「金さえ儲かればよい」と、わずかばかりの生計の足しを得たいばかりに、うわべだけの笑顔をつくってはいませんか。

嘘交じりの説明でお客様をあざむく商人がいまだに存在することは事実です。「人間の誠実さ、美しさ、あたたかさを生け贄にわずかなお金を得るのが商売と考えるならば、すぐにやめたほうがいい」と倉本長治の盟友の一人、岡田徹は断じています。そんな恥ずかしい商売なら、やらないほうが世のため、人のためになります。本当の商売とは、そんな底の浅いものではありません。

お客様を隣人として尊敬し、寛《ひろ》い心でお客様を仲間としてもてなし、お客様によい買物をしてもらおうと専門家としての知識を養いましょう。仲のよい友だちとしてお客様が店へ来てくれたことを喜び、目先の損得を抜きにしてお客様のために心をくだきましょう。

儲けとは、関わるすべての人たちの未来を明るく照らす灯火の燃料です。その事実を肚に落としたとき、あなたの商いの道は大きく開かれます。もっと美しく、もっと立派な生き方が、この仕事のうちにあることを知るでしょう。

# 商人が利益を
# 欲するのと同じように
# お客様もまた
# 利益を望んでいる

## お得な理由がわかったときに、本当の信頼が生まれる

安いから買うのだという、お客様を軽蔑した考え方を排除しましょう。大売り出しでお客様を並ばせたことを自慢するのもやめましょう。「安ければよいという議論はない。廉売主義にも合理性がなければならぬ。商売が大衆に支持されるのは、売値が安いということばかりではない」という言葉を倉本長治は遺しています。まやかしの安さは、人の心を悲しく、貧しくさせるだけです。では、安さとは何でしょうか。

「安い」をあらわす英語はいくつかありますが、代表的なものにチープ（cheap）とリーズナブル（reasonable）があります。前者は「安っぽい」というニュアンスが含まれ、「品質の低さを伴う安さ」であり、後者は質の高さを伴う「お手ごろ」「お買い得」をあらわします。さて、あなたの誇る安さはどちらでしょうか。そもそも、リーズナブルの名詞形であるリーゾン（reason）は「理由」「道理」「良識」という意味を持っています。

価格は、誰にもわかりやすい理由が明らかになっていなければなりません。お買い得の理由が明らかになったとき、お客様は初めて商人の誠実を見いだします。すると、そこに信頼が生まれます。本当の安さとは、単に値札の額にあらわれているものではありません。関わる誰もが幸せになれる価値を持ち、お客様の心に感動と賛嘆を生むものです。そうした安さを実現できるのは、魂を込めた仕入れと商品づくりだけなのです。

四—九

商売の目的は
人の幸せをつくること
その一点のためにのみ
商人は儲ける義務を負う

## 自分の店は、世に存在したほうがよいか？

私たちは日々の糧食を得て、それを食べなければ生きられない存在です。食べることからは逃れられません。しかし、食べること自体が生きる目的ではないはずです。それなのに、私たちはしばしば目的と手段を入れ違えてしまいます。

それは商売も同じこと。商売の目的とは、人の幸せを育むことです。その一点のためにのみ商人は儲ける義務を負い、利益を必要とします。そして、その目的が叶った姿を「繁盛」と呼んでいるだけなのです。商売をして儲かるということは、お客様から金を奪うことではなく、お客様という縁ある友人の利益を増やすことにほかなりません。

「商売は世の為、人の為の奉仕にして、利益はその当然の報酬なり」と説いたのは、経営の神様と言われた実業家、松下幸之助。1936年、「松下電器連盟店経営資料」として作成され、系列電器店に配布された「商売戦術三十カ条」の第一条に挙げられています。

実業家としての松下の経営思想と、指導者としての倉本長治のそれの共通点がここに見られます。「商売の真実の目的は儲けることにはない」と断じた倉本は、「世の中のために、君の店は存在したほうがよいのか、なくてもかまわぬかを考えよう。なくても困らぬような店なら、存在の意義はない」と商人に問い続けました。

この問いは決して古びることなく、今も私たちを問い続けています。

四十

利益の多寡は
大した問題ではない
愛と真実に基づくか否かが
重要なのである

## 適正な利益は、店への信頼の証拠

倉本長治は、正しい利益を「店がお客から信頼されたという、確実に生きた証拠」と定義しています。そして、本物の利益を「お客様のために、誠心誠意、店主が孜々《しし》として尽してきた時に流す心の汗が、滴々としてしたたり落ちて、結実したものでなければならない」として、利益がいたずらに大きいよりも質の良さに価値を置きました。

多くの商人に道を示した倉本は「昭和の石田梅岩」と呼ばれた男でした。石田梅岩は18世紀の江戸時代中期、士農工商の封建社会にあって、武士も庶民も異なるところはなく、身分は人間価値による差別ではなく、職分や職域の相違にすぎないと説きました。彼の教えは「石門心学」と呼ばれ、儒教や仏教、神道の思想を取り入れた道徳哲学として、死後も多くの弟子たちにより受け継がれ、平民から武士にまで広まりました。

8歳で京都の商家に丁稚奉公し、長く商家に勤めていた梅岩は、商いの道についても説いています。当時は軽蔑すべきものとされていた商人の営利活動を〝天理〟として積極的に認め、正直・倹約・勤勉を〝三徳〟として商いに励むべきと奨励しました。「商人の売買の利益は、武士の俸禄と同じである」と肯定し、こうした石門心学の利益観がその後の産業発展を支えたのです。

# 第五章

# 欠損は社会の為にも不善と悟れ

欠損は社会に対する
悲しむべき罪と悟り、
利益はお客とともに
分ち合う喜びと知ろう

商品の豊富さを誇る前に
価格の安さを自慢する前に
一つひとつの商品に
実印は捺してあるか

## お客様の好むものより、お客様のためになるものを売る

あなたの商品の品揃えと開発の基準は何でしょうか。他店で売れているものを品揃えすれば、確かに目先の売上は立つかもしれません。しかし、いつまでそんな商いを続ければよいのでしょうか。

「無理に売るな、客の好むものも売るな、客の為になるものを売れ」とは、松下幸之助の「商売戦術三十カ条」の一つです。「客の為」というとき、そこには商人の哲学がなければなりません。何のために、誰のために、何を売るのかという信念がいるのです。

「食においては、売れるものが良いものではありません。コマーシャルに洗脳されたお客様が望むものを売るのではなく、お客様のためになるものを伝え、共感いただき、購入いただく。商人の喜びはそこにあります」と語るのは、群馬県高崎市のスーパーマーケット「まるおか」の店主、丸岡守。「奇跡のスーパー」と呼ばれる同店には、売れ筋のナショナルブランドはなく、棚に並ぶすべての商品は店が吟味した、知る人ぞ知る逸品ばかり。選び抜いた新商品には保証の証として、店主の実印ともいうべき推奨品をあらわすシールが貼られています。商品の豊富さを誇る前に、価格の安さで呼びかける前に、あなたも一つひとつの商品に実印を捺すような商売をしましょう。

愛をもって
一つひとつ仕入れよう
そうすれば真実をもって
売ることができる

## 確信に基づく商売のみが、商人の幸福につながる

「いらっしゃいませ」とあなたが言うとき、どんな気持ちでお客様に声をかけているのでしょうか。おそらくあなたの心は、躍っていることでしょう。なぜなら、お客様がきっと欲しいと思ってくださると、あなたが確信している品が揃えられているからです。

そうした状態を、第四章で紹介した岡田徹は「店とお客様、あなたとお客様の心と心とが、このたゆまぬ愛をくれるような気持ちで結びついたときに、初めて絶対繁盛の道が開ける」と説きました。「何でもいいから、とにかく買ってくれ」という下心が透けて見える店に、お客様は好んで入りません。なぜなら店の外まで、そんな思惑が漂ってきているからです。

あなたの店は、何でも揃っているような店でも、安さだけを売りにしているような店でもありません。しかし、そこにあるのはお客様の顔を思い浮かべて揃え、お客様自身はまだ気づいていないけれど、心から望んでいるに違いないとあなたが確信する品ばかりです。だから、あなたは嘘偽りのない誠の心でお客様を迎えているはずです。

考えてみてください。心から一人のお客様を喜ばせることがどれほど難しいことか。ところが、あなたは一人ひとりのお客様にその喜びの商いを毎日繰り返しています。なんという幸福でしょうか。なんという栄光でしょうか。「商人とは、こんなにもうれしく、やりがいに満ちた存在なのだ」と倉本長治は商人たちを励ましたのです。

これで儲かるなどと
思って仕入れてはいけない
お客様の喜ぶ笑顔を
思い浮かべながら仕入れよ

## お客様以上に、お客様のことを考える

メディアを通して、〝見えない相手〟に商品の価値を伝えた商人がいます。「お客様を感じる心を持ってほしい。お客様が何を求めているのかを感じる人間になってほしい」と語るのは、ジャパネットたかた創業者の髙田《たかた》明《あきら》。そうした人間力を磨いていかないと、企業も人も支持されることはないと彼は言います。

そんな彼の売り方は、まずメーカーがつくった商品カタログの内容を隅から隅まで徹底的に自分のものとするところから始まります。しかし、そのままには説明しません。取り込んだ上で、商品の先にあるお客様の生活や願いを思い、自分の言葉で表現しました。「人の心を動かせるのは、相手のことを考え、それが相手に伝わったときだけです。よく商店主から『ものが売れない』という悩みを聞きますが、販売員とお客様とのコミュニケーションがうまくとれて初めて商品は売れるのです。自分の言葉で語ってお客様につながった瞬間、価値観は共有され、お客様は買ってくださるのです」。

世界最大のオンラインショッピングサイト「アマゾン」創業者のジェフ・ベゾスも、このように語ります。「我々は物を売って儲けているのではない。買物についてお客様が判断するとき、その判断を助けることで儲けているのだ」。お客様以上にお客様のことを考えてきた日米二人の商人の共通点をここに見ます。

# 一品を仕入れては
# 希望に胸をふくらませ
# 一品を売っては
# お客様の喜びを感じよう

## 商品への想いが、心を動かす

『文庫X』をご存じでしょうか。東北のある書店が、ある文庫本にオリジナルのカバーを掛け、書名と著者名を隠し、さらにビニールの掛けられた状態で販売した企画です。売場の隅で始まった試みは、一書店では考えられないほど驚異的な販売実績を記録しました。「多くの人に読んでもらいたいと考えた結果、中身を隠すことにしました」と理由を振返る担当者の〝熱さ〟が生み出した奇跡です。オリジナルカバーには、次のような書き出しで、担当者からのメッセージが手書きで綴られています。〈申し訳ありません。僕はこの本をどう勧めたらいいか分かりませんでした。どうやったら「面白い」「魅力的だ」と思ってもらえるのか、思いつきませんでした。だからこうして、タイトルを隠して売ることに決めました。この本を読んで心が動かされない人はいない、と固く信じています〉。

以後、多く店が似たような企画を立てたものの、二匹目のどじょうはいませんでした。文庫Xの本質は商品を売るための販促ではなく、伝道ともいうべき、価値を「伝えたい」という思いにこそあります。500ページを超えるボリュームなど読みづらさを伝えた上で「それでも僕は、この本をあなたに読んで欲しいのです」と訴えたのです。

品揃えは、商人としての哲学そのもの。売り方は、人間としての熱意そのもの。「この商品をあのお客様に出合わせたい」、そんな想いをあなたはどれほど抱いていますか。

# 仕入れるときに
# 威張って買うから
# 売るときに
# 頭を下げなければならない

## お客様のために、仲間と力を合わせる

「実《まこと》の商人は先も立ち、我も立つことを思うなり」とは、石門心学始祖、石田梅岩の言葉です。同じように、近江商人も「三方よし」と、買い手、売り手、世間の三つすべてによい商いを説きました。商いは己だけでは成り立ちません。

こう考えたとき、お客様は商人より上の存在でもなければ、下に見る存在でもありません。お客様は神様でも、攻略すべきターゲットでもありません。価格でおだてれば乗ってくると単純に考えてよい存在でもありません。

商売は儲けるためにするのでしょうか。儲け仕事をしたいなら、株でも金貸しでもしたほうが気が利いています。毎日朝から晩まで忙しく商売なんかしないほうがいい。自分たちの利益を守るために仕入先、卸先に迎合したり、機嫌をとったりする必要もありません。

商売とは、お客様のためにするものです。お客様に心から奉仕して、愛されるところに真の商道があります。そのたった一つの目的のために、力を合わせる仕入先、卸先が必要なのです。そしてそのためには、お客様を大切にしてくれる従業員が必要です。

おもいやりとは、そんな彼らと同じ道を歩むために大切なもの。おもいやりとは、他者のためであり、めぐって自身のためになるもの。その量は多ければ多いほど、その質は高ければ高いほどいいものです。お返しは必ず訪れます。

多く売ろうと努めるより
一人でも多くの
お客様に満足してもらえるように
努めるのが真実の販売だ

## たった一人のお客様の心を想い、商う

「販売」とは、どのような営みでしょうか。お金が普及する前の古代では、欲しいものを手に入れるための方法は物々交換でした。始まりは、海の民と山の民がそれぞれの収穫余剰物を交換したことと言われています。そこには異なる文化の交流があり、人と人の出会いがありました。つまり、売るということは人と人の付き合いであり、心を通わせる営みにほかなりません。商いとは、人間の交流からすべてが始まるのです。

ある一人のお客様の顔を心に浮かべ、その暮らしぶりを想い描きましょう。その人のために商品を仕入れたり、つくったりするとき、何を思い浮かべますか。商取引によって得られるお金ではなく、きっとその人が喜ぶ笑顔でしょう。つまり、商人にとってお客様とは友であり、恋人のような存在です。

倉本長治は「恋人の心」という詞を遺しています。「あなたには恋人の心が今わかるでしょう／私は今お客様のお心が判ります／商人とお客様との間がいつでもそうありたい」。

お客様が来店して、その商品を手にとってくれたとします。そして、「そうそう、これが欲しかったの」と喜んで買ってくれる。そこに商人の喜びがあります。そうした経験を、あなたもきっとお持ちのことでしょう。そんなとき、売るって素晴らしい、商いって素敵だと思いませんか。あなたが毎日携わっている販売とはそういう仕事です。

売って楽しかったと
思える販売なら
きっと買ったお客様も
うれしい買物である

## 「あなたがいるから、買物が楽しい」

戦後日本の商業史は、産業化の歴史でもあります。それはチェーンストア経営というビジネスモデルを、多くの商人がめざした軌跡でした。その本質は効率化、標準化、分業化の追求にあり、供給より需要が上回っていた時代、それによって私たちの暮らしは豊かになりました。しかし、行き過ぎた分業化は商売から楽しさを奪ったことも一面の事実です。私たちは大切なものをどこかで落っことしてきたのかもしれません。

大切なものとは、一人のお客様のために損得を忘れて商売を楽しむことです。日本にチェーンストアを紹介し、その成長に力を尽くした倉本長治はチェーンストアを「街路樹」にたとえ、次の指摘をしています。「都市に緑が必要なのは空気を新鮮にし、人々に安らぎを感じさせるためである。しかし街路樹には、本当に人を喜ばせ、美しいと思わせる樹木は少ない。樹のうちには、街路樹ではないほうが良い性質のものがある。一茎の小さな草、伸び伸びと枝を伸ばした自然樹にしかない価値がある。そのほうが人間にもっと大きい喜びを与えることを忘れてはならない」。

私たちがめざすべき道がここにあります。「あなたの店がこのまちにあって良かった。あなたがいるから私の人生は楽しい」と言われるとき、企業規模、店数の多寡は大した意味を持ちません。お客様からの「ありがとう」のひと言、ここに商人の喜びがあります。

商品知識がないことは
商人として不誠実であり
そうした店に
繁盛が訪れることはない

## 商品知識は最高級のサービス

販売のプロフェッショナルとは、親切、愛嬌、礼儀、感じがよいということだけではなく、自身の専門領域を完全に知っている人を指します。豊富な商品知識と高い技術こそ、お客様と店をつなぐ虹の架け橋です。倉本長治は「商品知識のない販売員は医学知識のない医者同様、あぶなっかしいばかりか社会に害を及ぼすと知れ」と断じています。

「日本一の魚屋」をめざす商人、柳下浩三が創業した角上魚類は、日本人の魚離れが進む中で、一店舗当たりの売上を伸ばし続ける質の高い鮮魚店。売場には豊富な種類の旬の魚が並び、そのおいしさと調理方法を知り尽くした従業員による売場運営こそ同社繁盛の原動力です。スーパーマーケットでは高い廃棄ロス率から「お荷物部門」と言われるのに、同社のそれは驚異の0・05％。「四つのよいか」という鮮度、値段、配列、態度の向上が、「買う心　同じ心で　売る心」という理念のもとに追求されています。

たとえ小さな店であっても、一つの商品を極めましょう。その店に行けば満足できるものが選べるとすれば、お客様は必ずやってきます。「この商品なら私の店で」と胸を張ってお客様に呼びかけられるような売場をつくりましょう。そのためには、店の隅々までに心が行き届いていなければなりません。どこにも嘘や不誠実が存在を認められる場所はないのです。店とは、商人の正直で誠実な人柄を表現する場所です。

# 儲け話が
# いくらあろうと
# もっともやりがいのある仕事は
# 己の店の中にこそある

## 社会に幸福を提供しているか？

商売のやりがいはどこにあるのでしょうか。それは売り買いのたびに、お互いに心あたたまる商売をするところにあります。

かつて、ある一枚のチラシがまかれたときの話です。あるまちの老舗呉服屋の跡取りであり、まだ学生であった若者の商売は、太平洋戦争後の焼け野原から始まりました。空襲によって灰塵に帰した店舗の跡地になんとか小さなバラックのような店を建て、営業再開を知らせるチラシに若者はこう書きました。

焦土に開く――。

日中戦争以降、暮らしは統制経済下に置かれ、商人は自由に売ることも、チラシをまくこともできませんでした。それゆえ、チラシを見た多くのお客様がその店を訪れ、中には「やっと戦争が終わったんですね」と涙を流す人もいました。新しい時代の始まりを、一枚のチラシが告げたのです。そのとき「小売業は平和産業である」という確信を抱いた若き商人こそ、岡田屋七代目、イオンを創った男、岡田卓也でした。

暮らしに楽しさが添えられ、平和がもたらされ、幸福が感じられる商品を専門的な知識や経験で、間違いなく提供するために社会に存在するのが商人です。そんな自覚の上に立って、「ああ、良いものが買えた」と人々に喜んでもらうためにあるのが商店なのです。

五—十

売れる数や量よりも
その売り買いの質や
お客様との心の交流こそ
商いの本来の姿である

## 商いの道、それは誠実をつくす人間の道

「もし、もう一度生まれ変われるのなら、商人に生まれ変わりたい」

生前にこう語ったのは眼鏡専門店「イワキ」の創業者、岩城二郎。経営理念に「すべてはお客さまのためにある」と掲げ、「商人の道、それは誠実をつくす人間の道に外ならない」と説き続けた岩城は、倉本長治を師として生涯敬いました。倉本も岩城を友として愛し、二人はともに「店は客のためにある」を追求した同志でした。「本当の友だちは、正しく生きるときにもっとも大切なものである」という一文を倉本は遺しています。

岩城は規模や売上高よりも誠実さ、その人の身になっておもいやる「恕《じょ》」の心を優先した商人でした。戦時中の物価高騰・品不足のさなかにも戦前と変わらぬ価格を貫いたことから、店の前には眼鏡を求めて長い行列ができました。すると客どうしの間にも「購入は一人一本まで」という他者をおもいやるルールが自然に生まれたのです。規模拡大のために無理な出店を進めたり、売り手都合の販売に走ったりしない。それが同社の商いです。

イワキ精神十二箇条は「ただの一人でも満足しないお客様があってはならない」「真心のこもった親切心と豊富な商品知識はお客様への最大のサービスである」など、岩城の教えをまとめた行動訓。今も同社に受け継がれ、お客様と店員の心の交流を育んでいます。それゆえ店は、イワキで買うことを喜びとするお客様でにぎわうのです。

# 第六章

# お互いに知恵と力を合せて働け

商売の革新と繁栄のために、
同友は互いに力を合せ、
知恵や知識を借り合おう

従業員とは
店を裏側まで知っている
もっとも大切な
お客様のことである

## 店員とともに喜び、ともに泣く

良い従業員というものは良い店主のもとで育まれます。良い店主は、正しい経営哲学・理念のもとで育ちます。従業員の質が下がったと嘆く店主ほど、己が成長していない事実に気づいていません。まず自分自身が良い店主とならなければ、良い店員は育ちません。

倉本長治は「店員は店主の分身である」と説いています。

従業員とともに歩み、一代で世界最大の小売企業をつくりあげた商人がいました。20世紀を代表する経営者の一人、「ウォルマート」創業者のサム・ウォルトンです。サムは自らの体験を通じて得た商いの法則を、10篇の短文にまとめています。後進たちはそれを「サムの十カ条」と呼んでいます。そして、なんと十カ条のうちじつに半数が従業員に関する教えです。「本当によく知っているのは現場の従業員だけである。もし彼らが知っていることを聞き出さなければ、いずれ会社は大変なことになる」という名言もあります。

また倉本は成功の秘訣として「商人の成功の道連れは従業員である。途中ではぐれないためにも真実と愛情の絆が必要である」という言葉を遺し、人材育成の基本として「人を育てるには何の秘訣もいらない。店員もまた自分と同じく間違う人間だと知ればよい」と説いています。店員を褒めたり叱ったりすることに巧みであるよりも、店員とともに喜び、ともに泣けることが繁盛の王道です。サムの成功はその好例の一つでしょう。

# お客様から愛される店は
# お客様が店員となり
# その店で働く店員が
# いちばんの得意客となる

## 繁盛する店には、「裏」も「表」も存在しない

「事業は人なりというが、この店をみると、その経営者のようにじつにみごとなのである」と倉本長治に言わしめたのは、北海道を代表する菓子店の一つ「六花亭」創業者の小田豊四郎でした。倉本は「この店の従業員のしつけは誰の目にも行き届いている」と評し、その理由として「店員教育というのは店の繁盛のための手段ではありません。若い人の将来のために店主が行わなければならないものです」という小田の言葉を取り上げています。従業員一人ひとりの職場に対する愛着と仕事への誇り、そして働きがいこそが六花亭が多くのお客様に愛され続ける裏づけであることを倉本は説いたのでした。

顧客満足と従業員の働きがいとが正比例の関係にあることは、揺るがない繁盛の法則です。お客様も従業員も、等しく同じ感情を持つ人間であるという事実を忘れてはいけません。それがたまたま自店で買物をするか、自店で働くかの違いで縁を持つだけです。

お客様に愛されない店は、従業員から慕われることもありません。逆もまたしかりです。そういう店は、お客様に見せる「表」の顔と、お客様には見せられない「裏」の顔を持っています。繁盛する店の持つ顔は、お客様にとっても従業員にとっても、たった一つです。

また、倉本は「市内の娘さんたちの就職希望を聞くと、第一が六花亭、銀行が第二」とも述べています。こうした社風は今も同社に脈々と生き続けています。

従業員とは
道具ではなく大切な家族
販管費やコストではなく
価値創造の担い手である

## 従業員は単なる「人手」なのか？

「人手が足りない」という言い方をしたことはありませんか。経営者の中には、本来は事業の大切な協力者である従業員を「人手」と呼び、道具くらいにしか思っていない人がいるものです。

従業員を道具として扱い、コストと見なしてはいませんか。優秀な従業員ほど、単に賃金のためだけに働いているのではありません。時間は誰もが等しく持つ限りある資源であり、人生そのものです。労働とは、そんな重要な資源をあなたの事業に投資する営みです。「賃金を払っているのだから、人手と呼ぼうと自由だ」と思ってはいませんか。だから、あなたの商いは大成しないのです。

お客様に愛される事業には、お客様という善意の愛すべき人たちに喜びを与え、幸せを守る心の働きが欠かせません。なぜなら、商いは単に物とお金を交換する作業ではなく、そこに真心を添える営みだからだと倉本長治は説きます。単なる「手」に、真心を添えることなどできるはずもありません。ところが、あなたは「手」が欲しいと言います。

従業員とは本来、自分と同じ心を持つ「第二の自分」だと倉本は説きます。彼らは大切な家族のような存在であり、価値創造の担い手にほかなりません。だから、一人を見いだすためにも、育てるためにも、あたたかい愛情が欠かせないのです。

六—四

# 優れた販売員とは
# 親切でおもいやりがあり
# 友人にしたくなるような
# 人間にほかならない

## 当たり前の敬意を、仲間に伝える

「この店には未来がない」と、ほとんどの従業員がこう言い捨てて退職していった店がありました。そのとき店主は「俺だってこんなに一生懸命にやっているのに、なんでわかってくれないんだ」と彼らを責めることしかできませんでした。

その店がいまや従業員一人ひとりが個性を発揮し、生き生きと仕事に取り組み、それぞれがファン客を持つ繁盛店になりました。かつては従業員どうしがいがみあっていた店なのに、今では仲間どうしが協力しあい、お客様一人ひとりの満足のために彼らは全力を惜しみません。同じ店主のもと、どうしてこれほど大きな変化があったのでしょうか。

それは店主の心が変わり、彼が感謝の心を持つようになったからです。それまで他者を指して問い詰めていた指を彼は己に向け、「従業員、お客様、そして家族、自分は本当に彼らのことをおもいやれていたのか？」と問うたのです。視点を変えて世界を見るようになると、彼の心に感謝の念が芽生えました。目に映るものはすべて、奇跡というべきありがたいものだと気づいたのです。

商人にとって何よりの幸福は、優秀な人材を持つことです。誰よりも自分が他者をおもいやりましょう。倉本長治は「どんなに立派な待遇よりも、その店員を人として心から尊敬するほうがその能力を発揮する」と説いています。

六―五

販売に大切なのは
巧みな接客技術よりも
深い商品知識であり
口先より良心である

## 小手先の技術よりも、磨くべきもの

倉本長治は「バイブルにも論語にも商売のやり方は書いていない。だが、商売人にいちばん大切な本がそのバイブルと論語なのだ」という言葉を遺しているように、古今東西の書物からも商いの知恵を求めました。その一つ、論語の「君子九思」（季氏篇）には君子の心掛けとして、激動の変化の中にあっても自分を見失わない教えがあります。

①見る（見るときは細部までしっかり見る）②聞く（話を聞くときは正確に聞く）③顔色（表情を穏やかに保つ）④態度（立ち居振る舞いに品を保つ）⑤言葉（言うときは正直かつ誠実に）⑥仕事（慎重に仕事に向きあう）⑦疑問（わからない点は質問をする）⑧怒り（腹が立っても後難を考えて忍耐する）⑨道義（正当な利益かどうか善悪を吟味する）

いかがでしょうか。できていることは常時、できていないことは少しでもできるように努めましょう。人間としての成長と喜びはその営みの中にあります。

たとえば、一人の商人が出合える商品には限りがあります。すべての商品に平等に情熱を注ぐことは不可能です。だから、店の数だけ、販売員の数だけ、違う売場があります。

これはという商品に出合うために大切なのは、蓄積の量とアンテナの高さです。蓄積すべきは単に商品知識だけではありません。経験や学び、成功や失敗など、あなたを形づくるあらゆるものとことを駆使して、アンテナを高く掲げましょう。

人が親切と
熱心に徹することは
販売技術の巧拙よりも
繁盛に役立つものである

## お客様は、自分の提案に賛成してくれているか？

商人なら、誰でも売りたいと願うものです。しかし、こちらの都合で商品は売れません。店の前を通り過ぎていく人を恨めしく思い、たまに入ってきたお客様が何も買わずに出ていくと、次こそと肩に力が入ることはありませんか。

売り込もうとすればするほど、お客様は慎重になり、買う気を失っていきます。そして、二度とその店へ足を運ばないでしょう。お客様は商人の都合でものを買わないのです。

倉本長治は「販売の成立というのは、お客がその店で買うことが幸福だという店の提案に賛成したことにほかならない」と断じています。売りたいのなら、自分の都合ばかりを押しつけるのではなく、お客様の側に立って考えてみることです。どんなお客様の、どんな場合の、どんなお役に立とうとしたいのか、と。こうしたお客様の都合に立ってこそ、自分の都合も生きるのです。

〝あの人〟と特定できるほど明確なお客様の顔を心に浮かべ、その暮らしぶりを思い描き、〝あの人〟のために仕入れたりつくったりして、さりげなく店に置けば、〝あの人〟がやって来て、「そうそう、こういうのが欲しかったの！」と笑みをたたえて買っていく――。

見送るあなたも笑顔になり、そっと心で「喜んでもらえてよかった」と思うことでしょう。あなたには、そんな〝あの人〟と思い浮かぶ人はいるでしょうか。

無常を知り
自己変革を恐れず
そこに喜びを見いだす
変化対応こそ商人の務めだ

## 商いは変化対応業である

「ゆく川の流れは絶えずして、しかももとの水にあらず。淀みに浮かぶうたかたは、かつ消えかつ結びて、久しくとどまりたるためしなし。世の中にある人とすみかと、またかくのごとし」という書き出しで始まるのは鴨長明の『方丈記』。長明の生きた鎌倉期は火災や地震、飢饉などの大きな災厄に見舞われた時代でした。そうした苦難の体験を糧にたどりついた「無常」を主題する随筆は後世に残る名作となりました。私たちが生きる現代も災いにあふれており、長明の無常観は昔話や他人事ではありません。

商いもしかり、昨日と同じことは何一つありません。これまで来てくれていたお客様が今日も来てくれる保証はどこにもありません。無常こそ常態、変化こそ日常なのです。だから商人は、変わらぬ真実を軸に変わり続けなければなりません。変化を恐れるのではなく、変化を機会ととらえる心を養いましょう。商いとは変化対応業です。

「変えることのできるものを、変えるだけの勇気をわれらに与えたまえ。変えることのできないものを、受けいれるだけの冷静さを与えたまえ。そして、変えることのできるものと、変えることのできないものとを、識別する知恵を与えたまえ」とは、アメリカの神学者ラインホルド・ニーバーの言葉です。

商人にも、勇気と冷静さ、知恵が必要であることを教えてくれます。

目先の損得に囚われず
自らの才と徳を育て
ともに働く人を育てることは
どんな事業よりやりがいがある

## 生涯をかけて、商人の才を磨く

「一年の計画を立てるならば、その年内に収穫できる五穀を植えるのがよい。十年の計画を立てるならば、樹を植えるのがよい。一生涯の計画を立てるならば、人材を育てることである」

中国古代の思想書『管子』にある「三樹の教え」と言われる教えです。人材育成の重要性と、それが一朝一夕ではできないことを教えてくれます。

このように、目先の損得に惑わされることなく百年先を考え、今このときと同じように未来を大切にできるのが本当の商人です。倉本長治は「商いとは永遠のものであり、未来のためのものと考えられるのが本当の商人」と説きます。

人材育成については「自分を愛することのできない店主には、店員を愛することは不可能である」と断じています。商人にとってもっとも幸福なのは良い店員を持つことにほかなりません。

そのために、生涯をかけて自らの才と徳を養い続けましょう。このとき商人の才とは、努力や誠実さ、おもいやりに裏打ちされてこそ本物であることを忘れてはなりません。

才と徳を糧として、肥やしとして、後継者やともに働く仲間を育てましょう。人を育てられるのは人であり、それはどんな事業よりも難しくやりがいある営みです。

役に立っているという
自信を持たせることが
店員を立派にする
最初の一歩である

## お客様から「ありがとう」と言ってもらえる仕事をする

小売店販売員、飲食カウンター接客係、商店レジ打ち係や切符販売員――あるランキングのトップ10に挙げられた商業に関する仕事です。これは、人工知能（ＡＩ）の研究者、オックスフォードの大学マイケル・オズボーン准教授らが２０１３年に発表した「雇用の未来」という論文にある、今後10年でコンピュータによって仕事を奪われて消えていく職業です。

たしかに、スーパーマーケットなどでもセルフレジが当たり前になり、オンラインショッピングはリアル店舗から売上を奪い続けています。コンピュータにやってもらうほうがよい仕事もあるでしょう。単に物を売るだけなら、そのほうが効率的です。

しかし、買物とは物を買うだけの行為ではないはず。よい買物には感動があり、共感があり、気づきがあり、学びや驚きがあります。そして、そうした感情を抱くことができる心は、まだコンピュータにはありません。人間にしかできない商い――私たちの進むべき道はここにあります。

それには、お客様の生身から発せられるあたたかい「ありがとう」の言葉が不可欠です。自らの仕事が役に立っている自信は、お客様からの感謝によって育まれ、その積み重ねがコンピュータにはできない感動を生む人材を育てます。「毎度ありがとうとお客様が言うようなお店こそ本当のお店」と倉本長治は言います。店員も同じです。

商人にとって
いちばんの幸福は
良い店員と働く
ということである

## 店員を良くするのも悪くするのも、店主次第

「金を残して死ぬのは下だ／事業を残して死ぬのは中だ／人を残して死ぬのが上だ」

医師、政治家であり、台湾統治を軌道に乗せ、関東大震災後には復興計画を担った後藤新平の言葉です。藩閥中心の時代にあって、後藤は水沢藩というかつて朝敵だった東北の小藩の出身でした。後藤は「一に人、二に人、三に人」を信念に、人物本位の登用と育成に努めた人物として知られています。

では、人が本来持っている能力を開花させ、存分に発揮するために必要なものは何でしょうか。それは最善の目的となる理想であり、高い希望だと倉本長治は説き、「理想を持ちたまえ。これこそ手ごたえのある立派な仕事だと信じ、高い希望を掲げよう。それが自他の善に通じ、幸福につながるからである」という言葉を遺しています。

さて、経営者はその最期に何を残すべきでしょうか。冒頭の後藤の言葉に続けるなら、「志を残してこそ最上だ」となるでしょう。理想と希望を基礎とする高い志こそ、良い店員を育てる羅針盤となります。「一人の良い店員から、何人もの良い店員を育てることができるのも、その良い一人を悪い店員にしてしまうのも、皆、店主の心掛け一つにある」という倉本の言葉に、あなたは心当たりがないでしょうか。あなたとお客様に幸せをもたらす良い店員は、良い店主のもとにだけ生まれるものなのです。

# 第七章

# 店の発展を社会の幸福と信ぜよ

人間の幸福を果《は》てしなく追求して、
商売の発展に
永遠の希望を抱きつゞけよう

七—一

本当の店とは
商人が儲けるところではない
お客様に
得してもらうところと見極めよう

## 商売とはあなたが人生する姿である

「郡部で暮らしている両親が日々の買物に困っていると知ったことがきっかけでした」と振り返るのは、移動スーパー「とくし丸」創業者の住友達也。「80歳を過ぎてもお袋は買物のために車の運転をしていました。スーパーまでは数キロあり、気軽に歩いて行くというわけにはいかない。同じように困っている人はさらに増えるでしょう」という予測どおり、いわゆる「買物難民」は増え続け、日々の暮らしを脅かしています。

地域のスーパーマーケットを拠点とする販売パートナーによって、冷蔵庫付きの軽トラックに積み込まれるのは、生鮮食品や加工食品、日用雑貨など暮らしを支える品々。全国47都道府県に約1200台が稼働し、路地裏の細い道にまで毛細血管のようにめぐり、すべてのお客様と顔を合わせ、視線を交わし、会話を通じて販売しています。そこには売る者、買う者双方の笑顔と人間どうしの心のつながりがあります。

「商売とは――あなたが人生する姿である。商人としてあなたの姿のうちに御仏を見たいのである」とは、倉本とともに商人を導いた岡田徹の遺した一文。「目先の利益にとらわれず、地域が豊かになる仕組みをつくりたい」という住友の志を聞いたとき、私はこの先人の言葉を思い出しました。本当の商いとは、相手に得をしてもらうところから始まり、幸福を提供し続けることを使命とするのです。

# 店の大小は
# 大した問題ではない
# 大切なのはその店が
# 正しいか否かどうかである

## 狭くても、広くても関係ない

「大店《おおだな》」とは店舗規模が大きく、多額の取引をする店のことです。対極にある「小商い」は、わずかな資金で行う商売を指し、小規模な店をいうことが一般的です。前者を商うのは旦那であり、豪商とも言われますが、後者がそう呼ばれることはありません。ここに規模の大きさを偉大とする発想があり、今もそれは変わりません。

しかし、倉本長治はそれを敢然と否定し、「お茶席は四畳半　だからいつも行き届く　小さな店だから隅々までが　お客様のためにあります」という詞を遺しています。

茶聖千利休のつくった国宝「待庵《たいあん》」も、四畳半の質素な空間でした。利休のおもてなしの心得をまとめた「利休七則」は茶道の神髄として今日に受け継がれています。

一、茶は服のよきように点て（相手の気持ちを考える）／二、炭は湯の沸くように置き（準備に気を配る）／三、夏は涼しく冬は暖かに（五感を使って工夫する）／四、花は野にあるように（本質を簡潔に伝える）／五、刻限は早めに（平常心を保つ）／六、降らずとも雨の用意（不測の事態を想定しておく）／七、相客に心せよ（素直な心でおもいやる）

大きな店が優れているとは限りません。小さく狭いからこそ表裏なしに心を尽くすことができます。そういえば、おもてなしの語源の一つは「表裏なし」と言われています。あなたの小さな店で表裏なしに利休七則を実践してみましょう。

# 店の語源は「見世」
# すなわち店とは
# 自分の世界観を
# 見せる場所のことである

## 「誰かを喜ばせたい」と努める

「僕はアーティストですが、商人でもあります」と語るのは、現代アートで幅広い活動を続ける村上隆。彼は熱烈なファンに支持される一方、コマーシャリズムだと批判されることも多い人物です。

しかし、彼ほど制作において観る者を意識し、喜ばせようとする画家は多くはいません。それが批判を浴びる要因の一つなのですが、私にとってはそこが惹かれる理由です。なぜなら、すべての営みは「誰かを喜ばせたい」という思いが大切だからです。

物々交換を行う「市」から興った商取引は、やがて常設の「店」になりました。そもそもは「見世棚」と書き、鎌倉末期にあらわれました。店とは「見せる棚」を語源としています。つまり店は、語源にあるように「世」を見せるのです。世とは、人間が暮らす場であり、そこに積み重なる時間です。つまり、見せる者の世界観を表現する手段であり、生き方を示す場所が店なのです。単に物とお金を交換する場所ではありません。

冒頭の村上の言葉を借りるなら、商人はアーティストであるべきなのです。すべての営みは商いです。商いはすべての営みに通じます。なぜなら商いとは「誰かを喜ばせたい」と努める営みなのですから。その気持ちはおもいやりにつながります。おもいやりとは愛。だから商人とはそもそも芸術家なのです。

七―四

お客様への愛情と親切を
いっぱいに満たすには
狭くて小さな店ほど
手ごろなものはない

## 大切な人を、家に迎えるような気持ちで

信念ある誇り高き商人になりましょう。売上高やお客様の数が商人の価値を決定するのではありません。表通りから外れた立地を嘆くことはありません。人通りの少ない登山道などに立つ道路標識ほど大切なものはありません。人々が頼りにし、信頼して買物してくれている店こそ尊いのです。

少ししか入らない茶碗よりもドラム缶のほうが価値あるわけでもありません。その小さな茶碗で、おいしい玉露を飲みましょう。店の価値は大きさや立地では測れません。

「そこで行われる商いが愛と真実に裏づけられているか否かにある」と倉本長治は商売の良否を断じます。愛とはお客様へのおもいやり、人としてもっとも大切な心根です。真実とは誰にも嘘偽りのない行いであり、自らにも嘘をつかない生き方です。

大きいばかりで空疎な店に、お客様が魅せられるはずがありません。いたずらに数ばかりを追い求めて、お客様の心をないがしろにするような商いはいっときのあだ花です。小さくても、真心と愛でいっぱいの店こそ一茎の野花のように美しいのです。

店は、お客様に愛と真実を捧げ、その生活を幸福にするために諸々の物を売る神聖な場所です。大切な人を家に迎えるときと、お客様を店に来店いただくことは同じです。必ずしもお金をかける必要はありませんが、常に清潔であるべきなのです。

# 愛をもって生き
# 愛をもって商えば
# 嘘も偽りもない
# お客様に愛される店となる

## 商売を通じて幸せを創造する

事業理念とは何でしょうか。経営学の碩学、ピーター・ドラッカーは「事業の目的は顧客の創造である」と言いました。すなわち、事業を通じて幸せを、暮らしの豊かさを感じる人を増やす営みにほかならず、倉本長治の説く「店は客のためにある」との共通性が見られます。

事業理念とは、顧客の創造をどのように遂行するかの決意表明です。

ドラッカーといえば「5つの質問」を思い出します。

われわれの使命は何か？／われわれの顧客は誰か？／顧客にとっての価値は何か？／われわれの成果は何か？／われわれの計画は何か？

事業とは、何のために（使命）、誰に対して（顧客）、何を（顧客にとっての価値）を、どれだけの顧客の幸せ（成果）を、どのように実現（計画）するかという一連の営みを、ドラッカーは〝質問〟という形式で明示しています。事業理念を考えるとき、この5つの質問を自らに問い続けることが必要です。

経営者は孤独だと言われます。しかし、それは事業目的がぼやけ、関わる人たちに伝わっていないからにすぎません。「何のために商うのかをはっきりとつかめたなら、誰も本当の商人になれ、その道は穏やかで静かだ」と倉本は言っています。

売る身になって
買うお客様はいないから
買う身になって
売らなければならない

## 相手の気づいていない思考を明らかにする

これまで数多くの取材をしてきた中で学び、私が大切にしているのは、取材を通じて互いの学びを深めることです。

「ああ、私はこんなことを本当は考えていたんですね」と言ってもらえたとき、その取材は双方にとって意味のあるものになります。顕在化していない思考・意思が明らかになったとき、取材相手は大きな満足を感じてくれます。聞きたいことだけを取材するのでは、取材としては不完全です。本当に聞くべきことは、その先、その奥にあります。

販売も同じです。「私はこういうのが欲しかったんだ」とお客様が感じてくれたとき、その商売は成功したといえます。人は己のことをなかなかわからないものです。倉本長治は販売という営みを「売る者の幸福は、買う人の幸福をつくるという一事である」と説いています。

だから、鳥の目と虫の目を駆使しましょう。対象を鳥のように俯瞰的に評価・分析する専門家の視点を持ちつつ、虫のように至近距離で相手の心に寄り添い、本人以上に本人の気持ちを理解しましょう。両方の目を駆使できると、隠れていた思いや願望が見えてきます。「買う身になる」とは、これら二つの目を持ち、心を併せ持つことです。このときお客様は「そうそう、これが欲しかった」と言ってくれるのです。

七―七

生活者に幸福な
お金の使い道を
親切に知らせる活動を
広告というのである

## その広告は「幸告」と呼べるか

広告など販売促進の本当の目的とは何でしょうか。「この店で買いなさい」とか「この商品をお求めください」というふうに、自分の都合を消費者に向かって訴えることではありません。「これはあなたの生活を幸福にするものです」という、相手にとっての得を、親切に、誠実に、専門家としての立場で知らせる営みです。

それは世の中に対する善行です。それゆえ、正しい広告は儲けを目的とするものではありません。商人の誠実さを伝え、その提案に共感していただくことが目的です。

良い広告とは、相手を想う気持ちの在り方においてラブレターと同じものです。「愛情、真実、良識、この三つだけでつくられた広告には、他になんの粉飾も不要」と倉本長治は説きます。販促の本質は「店対客」と対峙せず、「人と人」として同じ方向を向き、相手を幸せへ導くことです。お客様の不便、不満、不都合などの〝不〟が解決できる術を伝えることです。自分のために「売る」のではなく、相手のために「伝える」ということです。

倉本は、広告を「広告という文字を〝幸告〟という意味だと洞察できるとき、本当にその広告の効果がある」とも評しています。広告とは幸いを告げるものという確信こそ販促にとってもっとも大切なことです。いかにお客様を惹きつけるかではなく、どうやって真実を上手に伝えるかにあります。

# 苦情を言うお客様こそ
# 店のいちばん熱心な
# ひいき客になる
# 可能性を持っている

### お客様が「いつも正しい」のはなぜか

「お客様は神様です」とは、もともとは演歌歌手の三波春夫の有名なフレーズですが、ご本人の真意から離れて、悪質なクレームを正当化する方便としてしばしば用いられます。そもそも、お客様は常に正しい存在でしょうか。

アメリカ東海岸のスーパーマーケット「スチューレオナルド」は、食料品店として一店舗当たり売上高が世界一にギネスブックから認定されたこともある繁盛店。その店頭には次の短文が刻まれた石碑が置かれ、「私たちの指針」として二つの原則が掲げられています。「1．お客様は常に正しい／2．お客様が間違っていると思ったら、原則1を読み返せ」。

一方、まったく逆の指針を掲げるのが、イタリア食料品店・飲食店「イータリー」です。イタリアの食を通じて上質なライフスタイルを提唱し、世界各地に展開する店舗には次の短文が掲げられています。「1．お客様は常に正しいとは限らない／2．イータリーも常に正しいとは限らない／3．互いの相違を通じて、私たちは調和を創造する」。お客様と商人、どちらも人間である限り過ちから逃れられません。だからイータリーのいうとおり、どちらかが正しいということはありません。

お客様と商人は、どちらが上でも、どちらが下でもない対等な関係にあります。しかし、買物を通じて幸せになりたいというお客様の願いは常に正しいのです。

すべての繁盛店がお客様から
感謝されるとは限らないが
お客様から感謝される店は
必ず繁盛するものである

## 本物の顧客第一主義を磨き上げる

この10年間に売上を4倍以上に伸ばした企業があります。コロナ禍にあっても、その勢いをさらに増したアマゾン・ドット・コムには、その原動力となる三つの考え方があります。

①常に顧客中心に考える／②発明を続ける／③長期的な視野で考える

筆頭に掲げる「常に顧客中心に考える」という顧客第一主義は、多くの企業も掲げる金科玉条です。しかし今、形だけの顧客第一主義も少なくありません。アマゾン創業者、ジェフ・ベゾスも「他社は顧客、顧客と口では言っても、結局ライバルを見て戦略を決めている。それは何も発明していないのと同じだ」と発言しています。

この言葉のとおり同社は常に発明を続けていますが、アマゾンだけがあれば私たちの暮らしは豊かになるのでしょうか。いえ、人はそれほど単純ではありません。

では、どうすればよいでしょうか。次の三つの視点を常に持ち続けてください。

①あなたがやれること／②あなたがやりたいこと／③あなたがやるべきこと

この三つの「や」が交わるところに、アマゾンにはできないことがあるはずです。倉本長治が提唱した「店は客のためにある」とは、もっと奥が深く、多様なものなのです。あなたならではの、お客様から感謝される顧客第一主義を今日からつくりあげていきましょう。

なんとなく
心あたたまる店
心安らぐ店
そういう店を私はつくろう

## 店とは、そこで働く人そのもの

なんとなく心のあたたまる店には、あたたかい心の人がいます。なんとなく心の安らぐ店には、安らかな心の人がいます。なんとなく心の明るくなる店には、明るい心の人がいるものです。「店とは、そこで働く人そのもの」と倉本長治は言います。

「毎度ありがとうございます」と、商人であるあなたは言います。同じように、「毎度ありがとう」とお客様が言ってくださるような店こそ、お客様のための店なのです。

お客様は恥ずかしがり屋だから、なかなか口に出して言ってくれません。しかしその分、外であなたの店を宣伝してくれます。あなたの店は小さく、品数が少ないかもしれません。お金をかけたような美しさもないかもしれません。お客様を下から見上げるような愛想もありません。場所も決してよくありません。「それでも……」と、言ってくださるお客様の顔を思い浮かべられるでしょうか。「この店には、私のことを思ってくれる愛がある」「この店は誠実である」と言ってくださるなら、それ以上、何が必要でしょうか。

では、こうした愛や誠実さはどこから生じているのでしょうか。いったいいくらで、どこに売っているのでしょうか。否、それはあなたが生涯をかけて育てるものです。一日一人、心の中で「ありがとう」と言ってくださるお客様をつくりましょう。だから商いはいつまでも飽きないやりがいに満ちているのです。

第八章

# 公正で公平な社会的活動を行え

社会に貢献する
仕事の担い手として、
いつも公正で
公平な商売をしよう

誰も彼も皆が
満足という商いは
本当は誰も心から
満足などしていない

## 悔いない商いの道を、歩んでいるか？

得とは、誰にとってのものでしょうか。第一に、お客様にとって得かどうか。第二に、お客様が大切にする人にも得かどうか。第三は、それらを含む社会全体にとって得かどうかです。私たちの商いの役割は、一を二へ、二を三へと高めていくところにあります。階段を上がるごとに、お客様のあなたの店での生涯購入金額は上がるでしょう。

「いやいや、商売はそんなきれいごとじゃ成り立たない」とあなたは言うかもしれません。しかし、人生がなんとなくむなしいと感じる朝はないでしょうか。深夜に目覚めて、敗北感にとらわれたような感じがすることはありませんか。それはあなたが善いことをしたいと考えながらも、不十分だと考えているからです。

そういう反省のある人にこそ「悔いない商いの道が開かれる」と倉本長治は言います。従業員やお客様と一緒に手を取りあって喜び、肩を叩いて慰めあえていますか。悔いなきまでに、愛と真実のある商売に徹しきれていると自分に言えますか。儲けと引き換えに、大切にすべきものをないがしろにしていませんか。

誤解しないでください、金儲けは別に罪悪ではありません。ただ、その富を積むやり方に問題はないかと問うているのです。一人ひとりのお客様からの報酬は、あなたへの一粒の感謝の種です。人々の生活を豊かに、楽しく、平安にするために商売はあります。

売る者の幸福とは
買う人の幸福をつくること
だから繁盛という大樹は
幸福の双葉から育つ

## 互いが互いを支えあう関係性

多くの植物が土のないところに育たないように、店とは本来、その商う地域に根づいた存在です。土から水を吸い上げ、そこにある栄養を取り込んでこそ植物は育ちます。店もまた、地域に暮らすお客様から生きる糧と商うための利益をいただいています。

その関係性は一方的なものではありません。植物ならば、根を張って菌を育て、花や実をつけ、葉を落として土壌を豊かにします。そうした豊かな土地だからこそ、目に見えない微生物から大型動物までが生きていけます。植物と土壌は、一方が一方を利用するのではなく、互いが互いを支えあう絆で結ばれています。その結果として、そこは生命あふれる豊かな大地となれるのです。店と地域、この関係性もそんなあたたかい絆を育むものであることを忘れてはなりません。そこには互いの顔が見えるつながりがあります。

「大黒柱に車をつけよ」という家訓で知られる岡田屋、後のイオンの岡田卓也も倉本長治が愛した商人です。世の中の変化、お客様の変化に応じて大黒柱（政策）を変えることを説いた岡田は、小売業とは地域産業であり、人間産業であり、平和産業であると定義しています。

商人とお客様、店主と店員、それぞれが一対の兄弟姉妹のような信頼関係こそ繁盛の出発点です。その証拠に、どんな大樹も一対の双葉から育つではありませんか。

八―三

# 正しいことで人に喜ばれ
# それをやり続けるところに
# 商人の幸せがあり
# 社会の善が育まれる

## 誠実さを商売の基盤にする

「商人と屏風は直ぐには立たぬ」とは、屏風は折り曲げないと倒れてしまうように、商人も自分の感情を抑えて客の意を従わなければ成功しないという、商人の心のゆがみを揶揄する諺です。こうした商人への低評価に対して江戸時代の思想家、石田梅岩は「屏風と商人は真っ直ぐであれば必ず立つ」と反論しました。お客様は買物を通じ、商品とお金との取引を超えて、あなたに人としての美しさと誠実さを求めているのです。

そうした誠実さを小売業の基盤と考え、社是に掲げる商人がいます。戦後、東京・北千住で2坪の店を再開、母と年の離れた兄から商いを学んだセブン&アイ・ホールディングスの伊藤雅俊です。同社が「羊華堂」と名乗っていたときのこと、兄は店内に「質素な人生観＋合理的経営＝薄利多売主義」という看板を掲げました。商品を売るために看板を掲げることは当たり前ですが、当時、経営理念を掲げた店は多くはありませんでした。「質素な人生観」という人間哲学、「合理的経営」という経営哲学、そしてその実践としての「薄利多売主義」が同店の誠実さであり、行動訓としてまとめられた「我らの誓い」には「信用に対して誠実を以て酬ゆる」と刻まれていました。

日本有数の小売企業となった今日も同社の社是には、お客様、取引先、株主、地域社会、社員に「信頼される、誠実な企業でありたい」と刻まれています。

あなたの今日の仕事は
たった一人でよい
お客様という名の友人を
つくることである

## 社会の幸福は、一人ひとりの笑顔の総和

戦略（ストラテジー）、戦術（タクティクス）、標的（ターゲット）、軍事行動（キャンペーン）、兵站（ロジスティクス）といった軍事用語を、日々の商売で当たり前に使ってはいませんか。消費者を攻略し、市場という領土の拡大を勝利とする発想から卒業しましょう。

たしかに、人口増加、経済成長期の消費社会にあっては、戦争を基本としたマーケティングが通用したかもしれません。売上欲しさにお客様の気持ちを害しても、次なる標的はたくさん存在したからです。しかし、人口減少と経済成熟化が進む今日、もはや囲い込み戦略は通用しません。倉本長治はお客様をしばしば友や恋人にたとえ、その心の絆を育むことが真の商いだと説きました。友や恋人は囲い込むものではないのです。

あなたはお客様を、物を費やして消す「消費者」とくくり、一緒くたに扱っていませんか。大量生産、大量宣伝、大量販売、大量消費、そして大量廃棄といったこれまでのやり方では、物を活かして生きようとする「生活者」の心を満足させることはできません。見える市場を略奪するのではなく、見えにくい一人ひとりの需要を創出しましょう。

一人ひとりの笑顔の総和こそ社会の幸福です。商いは人の心に喜びを生みだします。社会に幸福を増やし、暮らしを物心両面で豊かにする営みです。「お客様の幸福な生活を守るのが商人の務めであり、日々の仕事に誇りを持て」と倉本は説きました。

苦しさに見舞われたとき
商いとは一生のうちに
何人を幸せにできるかに努める
貴《とおと》い仕事であることを想おう

## 「繁盛は商人にとって重要なことではない」

「つとめる」には同訓異字で、「勤める」「務める」「努める」「勉める」があります。値引くことを「勉強する」というのは、精いっぱい勉める意味から転じたものです。

「勤める」という言葉は、通勤、勤め先、勤労など職業人として働くことを意味します。そこには契約があり、金銭の受け渡しが前提となります。自分の「やれること」を通じて暮らしを維持するために勤めるのです。

「務める」という言葉は、「親の務め」というように役割のために力を尽くすことを意味します。そこには自発性があり、本質的に金銭を目的とはしません。自分の「やるべきこと」を通じて誰かのために役立とうと務めるのです。

仕事、家庭、地域社会などそれぞれの場面で、人は両方の「つとめ」を持っています。どちらも生きていく上で欠かせない営みであり、どちらも「努める」ことが大切です。倉本長治は「繁盛は商人にとって重要なことではない」と断じ、「大切なのはそこに至る精進と努力にこそある」と説きました。

やれることのレベルを上げつつ、やるべきことに意識を集中しましょう。商いにとって重要なのは「慎重で誠意ある仕事」「節度ある努力」「愛情ある行為」にほかなりません。

金儲けには限りがあるが
人のために世のために
役立つことに際限はない
商人の生きがいは後者にある

## 偽りの商売は長続きしない

本当の商売とは何でしょうか。それは「一品売るごとにお客様の喜びや満足が長く続く特質を持っていること」と倉本長治は説き、一方で「金儲けにはこのような喜びや満足を相手に与えることはない」といいました。そこに商売と金儲けの大きな違いがあります。

人が根源的に持つ願いである「幸せ」の実現には欠かせない三つの要素があります。①公益性＝世のために人のためになっている／②時代性＝今この時代が求めるニーズをとらえている／③革新性＝常に変化に応じて変わり続けている

もっとも、人は一人だけで幸せになれるものではありません。なぜなら、幸せとは他者との関係の中にあり、関わる人たちを幸せにしようと努める先に得られるものだからです。関わる人たちとは、あなたの商いを通じて縁を結ぶお客様です。お客様の満足向上をめざしてともに働く仲間であり、取引先です。さらには、商売をさせてもらえる地域社会であり、支援者です。彼らすべてが等しく喜んでもらえてこそ本当の幸せです。

誰かが不満を持っていたり、損をしたりしている商売は偽りにすぎません。それが長続きすることは決してありません。また、そうした状態は今だけあればいいはずもありません。未来に向かって幸せを追求したとき、初めて商いは永続性を持ちます。いっときの満足ではなく、将来にわたって続く営みにこそ私たちの使命があります。

八—七

利益とは店が
どれだけ社会のために
役立ったかを測る
ものさしにほかならない

## 社会に利すれば、心安らかに利潤を得られる

平成元年（1989年）、世界の時価総額ランキングの上位10社のうち日本企業が7社を独占。日本経済は絶頂期にありました。しかし今日、日本企業の名前は見当たりません。同じ年、台湾で小さな書店が産声を上げました。今では「世界でもっともクールな書店の一つ」と呼ばれる「誠品書店」です。15年にわたり赤字を出しながらも、創業者の呉清友は事業理念を曲げませんでした。彼が保ち続けた理念とは何なのでしょうか。彼の生涯を綴った一冊『誠品時光』にこうあります。

「よき経営者は、事業の根幹が社会の有益性の上に構築されるものであり、企業の存在が他者にベネフィット（利益）のあるものでなければ、長く存続させられないことを知っている。このため、企業が語る〝利〟とは、哲学的なレベルでの〝他者への利〟であり、経済的なプロフィット（利潤）だけで語ることはできない」と語り、「もしどちらか一つだけを優先させるのであれば、まずは〝他者の利〟、つまりまず社会に利することを考えなければ、企業は心安らかに利潤を得ることはできない」と続けています。

天台宗の開祖、最澄は「己を忘れて他を利するは慈悲の極みなり」と、自分の利益は後にして、まず人に喜んでいただくことをするところに幸せがあると説いています。つまり、他者の利の先にこそ己の利があるのです。

八—八

# 二流の商売人は
# 己の利益ばかり追い求め
# 一流の商人は
# すべての人の利益を守る

## 商人としての存在意義を考える

「商人」と「商売人」という言葉の違いについて考えたことがありますか。

この二つを明確に分けて使った商人がいました。日本の流通革命の旗手と言われたダイエー創業者の中内㓛は次のように表現しています。「商人とは、社会を変えてやろうという大きな志を抱いて事業を興す人であり、まったく何もないところから、世の中をも変えてしまうような新しい事業を創造する人をいう。一方の商売人とは、己の会社の利益のみを追求する人であり、社会を変えるような新しい事業を興そうという志とは相容れない」。

1995年1月17日、阪神淡路大震災が起こった朝、ダイエーは政府に先んじて災害対策本部を設置。中内は陣頭に立ち、民間企業の役割をはるかに超える執念と速度でライフラインを死守しました。その年の春、ダイエーの入社式で中内はこんな発言をしています。「かつてのマーチャントはシルクロードを歩き、大航海時代を経験してきた。単にモノを運ぶだけでなく、文化・文明をつくり上げてきた。我々もマーチャントとして単に生活必需品を売って稼ぐだけでなく、この国における新しい文化、新しいモノの考え方をつくることに貢献することが大事である」。

ほとんどの人が商売人として出発し、そこに安住します。商人への険しい道を進んでいこうと努めるのは一握りです。

多くの実をつける
良い樹の根は細く伸び
大風にも揺るがない
高い樹の根は深く張る

## 商いを長く続けるための「根」

「十円のお客様を大切にしてほしい」と毎朝の朝礼で従業員に説き続けた商人がいました。「千円のお客様も大切だが、十円のお客様100人に喜んでいただければ、それだけ喜びが大きい」と、この店では葱1本、卵1個、油揚げ1枚のお客様を大切にしたといいます。

この店には毎朝、開店と同時に油1合を買いに来るおばあさんがいました。いつも一人の女性店員が油を計って対応していましたが、どうしてもお待たせしてしまうし、おばあさんも申し訳なさそうにしています。そこで店員は前日の晩に油を計っておき、おばあさんに朝の挨拶を添えてお渡しするようにすると、とても喜んでくれたといいます。そんな交流がこの店の毎朝の一風景でした。

ある朝、おばあさんが来店すると、その店員がいません。聞くと、結婚を機に退職して、明朝には故郷に帰るといいます。翌朝、待ちかねたようにおばあさんが開店前にやってきて、夜なべして編んだというレースの編み物を手に、「結婚のお祝いに渡してほしい。健康に気をつけるようにと伝えてください」と念を押して帰っていったそうです。

「良樹細根　高樹深根」とは古代中国の思想家、荘子の言葉。多くの実をつける良い樹の根は細かく伸び、大風にも揺るがない高い樹の根は深く張っているという意味です。商いにも細かく深い根が必要です。一人ひとりのお客様に誠実であり、親切でありましょう。

# 店は幸福を育む樹だ
# 店主にも従業員にも
# お客様にも取引先にも
# 幸福という果実を実らす

## 繁盛という果実は、一粒の種子からなる

よく育つ樹々は、その枝の一本一本に花を咲かせるものです。私たちの商いも、一人ひとりのお客様への誠実をもって、喜びの花を咲かせましょう。そうすれば「花の跡には実が成り、繁盛という果実の芯には儲けという種子が含まれる」と倉本長治は説きます。その種子からまた芽が出て樹に育ち、花を咲かせるのが自然の摂理です。

もちろん、すべての花が実を結ぶわけではありません。結んだとしても雨風に打たれ、成熟せずに終わる果実もあるでしょう。けれど、それでも良い樹は花をつけることをやめようとはしません。どんな場合にもいくつかの花は実を結び、一つの実からは次につながる種子がとれ、それが無数の花や実を成らせるときが訪れるからです。

商いも同じだと倉本は説きました。種子を残すためには、お客様のために役に立とうというたしかな信念を持つことです。そんな一粒の種子さえあれば、どんな環境に置かれても、商いは続いていきます。

また、植物を育てるために土壌に肥料を与えて改良するように、商いにも肥料が必要です。それは、志を同じくする従業員と取引先とともに学びあい、お互いに知恵と力を合わせることです。

商人が学び続けるべき理由は、ここにあります。

# 第九章

# 文化のために経営を合理化せよ

商売が文化を促進する
という信念の下に
常に経営合理化の
責任を自覚しよう

商人の誠実さは
繁盛で証明され
商人の知恵の深さは
その利益で測れる

## 計数感覚と知恵の深さが、利益をもたらす

「数字を見ないで経営するのは、燃料計や高度計のない飛行機を操縦するようなものだ」と倉本長治は計数の重要性を説きました。計数が事業経営の大切な指標であることは言うまでもありません。単独飛行ならまだしも、お客様、従業員、取引先と大切な同乗者の生命を預かる経営者に、計数感覚がないことは許されません。

しかし、「数字以上に大切なことがある」と倉本は断じます。計数管理とは人体の骨格や血液の量、体重の記録のようなものです。単なる解剖の結果にすぎず、骸骨に肉をつけ血を通わせても生命は宿りません。解剖だけで生命の神秘がわからないように、数字だけでは経営のあらゆる実態はわかりません。目先の損得を超えた深い知恵が必要なのです。

損得と言えば、倉本が愛した弟子の一人、第三章で紹介したダスキン創業者、鈴木清一は「祈りの経営」を生涯かけて追求した商人です。鈴木は、利益を「喜びの取引から生まれるもの」と定義しています。同社の経営理念に、己に対しては「損と得とあらば損の道をゆくこと」、他者に対しては「喜びのタネまきをすること」とあるように、お客様の喜びを第一とする経営に徹しました。

計数の重要性を理解しつつ、その限界を知りましょう。計数にとらわれて間違った方向へ進まないことです。誠実な商いにこそ繁盛はあり、知恵の深さが利益をもたらすのです。

九―二

たくさん儲けた商人が
偉いわけではない
儲けをどう使うかで
その商人の評価は定まる

## 商人が得た「感謝のしるし」の使い道

得た利益をどう使うのか、そこにその人の本質があらわれます。すべてを自分の取り分ともできますが、あなたの商売が社会のためにあるなら、よりお客様のために役立つように使うはずです。商人にとって儲けとは「お客様からの感謝のしるしとして与えられるもの」と倉本長治は表現しました。儲かることは、商人として社会に貢献できた証拠です。

静岡県熱海市に、天秤棒一本の行商から身を興し、大火で店が全焼しても問屋への支払いを守った一組の夫婦商人がいました。当時、旅館相手の掛け売りとリベートが横行していた熱海は「日本一物価が高い」と言われ、現金で買う生活者は苦しんでいました。「八百半商店」の和田良平、カツ夫妻は、熱海のお客様のためにと、現金正札販売を断行。これは、すべての顧客に同じ価格で販売し、現金取引のみとすることで利益を顧客に還元する販売方法です。これまでの商習慣を変えるには困難を伴います。しかし夫妻は「正しいことをやるのだから恐れることはない」と、貯えを切り崩しながら続けること1年あまり。粗利益をほんの1%上げれば黒字というところまできたとき、カツは夫に1%の値上げを提案します。すると良平は、さらに1%の値下げを決断したのです。

「長い間商売をやってきて、今、商人として生まれて初めてお客様からありがとうと感謝されました」とカツは振り返ります。ここに本物の商人がいました。

# 最上のサービスとは
# 高価なものだと
# 知って初めて
# 安売りに対抗できる

## その価格を信じてもらう勇気はあるか

競合店より良い品を扱うためには、そうした商品を揃える「努力」がいります。競合店と同じ商品を安く売っても経営が成り立つためには、無駄のない経営に徹する「忍耐」が必要です。無理をして安値で売るのは見せかけの安売りにすぎず、本物の商売ではありません。

他店より高く売るためには、その価格をお客様に認めてもらえると信じる「勇気」が必要です。しかし、競合店よりも品質の良い品を売るには、勇気だけでは足りません。最上とは何であるかを知るために、なみなみならぬ努力が必要です。

何が最上であるかを知ることに努めましょう。そこに込められた価値の尊さを理解しましょう。その理解なしで他店との価格競争に一喜一憂するところに、商売の成長はありません。価値を誰よりも理解してこそ、その価値を伝え続けようとする覚悟が生まれます。

まがいものが幅を利かす中で、価値を知ってもらうには努力がいるでしょう。それをやり遂げたときこそ達成感に満ち、壮快です。商人の喜びは、そういうところにあるのです。「本当の商人には文化性があるべきだ」と語った倉本長治は、商売を金儲けの方便とは見ていませんでした。生活や文化を豊かな楽しいものとするために行うものと説きました。お客様に喜びを与えるところに商人の価値と喜びがあります。

# 本当の友情が
# お金では育たないように
# お客様と店の絆も
# 安売りでは育まれない

## 新たな価値を創造するところから、絆が生まれる

利益とは、己のためのものではありません。お客様のために商売をより良くする原資として、お客様から託されたものです。利益とはお客様からの信頼の証であり、社会への貢献度を示すものです。「利益の確保こそが商人の果たすべき責任だ」と倉本長治は説きました。利益を元手に人々の暮らしを豊かにするのが商人の役割です。

そのためには、どの企業も存続するかぎりは利益を上げなければなりません。儲からなければ、託された役割を果たすことができないからです。だから、欠損、赤字の企業は軽蔑され、成長しないのは不善とされるのです。

大切なのは、どのように利益を生み出すかにあります。多くの店は一時の売上欲しさに安易に値引きして、価格訴求に走ります。結果、その多くが低すぎる利益率に甘んじ、外部環境のわずかな変化に見舞われると、水面下に没します。

お客様の抱く不満、不快、不便、不信、不安といった〝不〟の解消に努めましょう。不満を満足に、不快を快適に、不便を便利に、不信を信頼に、不安を安全安心に変えれば、そこに価値が生まれます。

本当の利益とは、新たな価値を創造するところから得られます。そのとき私たちはお客様から「ありがとう」と言われ、そのごほうびとして利益が与えられるのです。

自分都合で率を効かせる
効率に走ってはならない
お客様優先で理を合わせる
合理の商いに徹しよう

## 効率化と合理化、どちらを追求すべきか

ときは第一次世界大戦の最中。日本は戦地圏外にあったことから輸出が急増、空前の好景気となり、にわか成金が続出しました。ところが終戦後の恐慌に転じると、投機により飛ぶ鳥を落とす勢いだった企業が「千万の富を負債に変えて没落した」と、新宿中村屋の創業者、相馬愛蔵は『一商人として――所信と体験――』に書き遺しています。

相馬自身は世間で投機熱が高まっても株に手を出すこともなかったため、急落によって損害を受けることはありませんでした。逆に、原料高で苦しいときも平和の回復を信じて原料費を落とさず、いつも最良の品を用いたことから得意客が増え、その後の繁栄を得ました。それを相馬は「誠実と辛抱の結果」と表現しています。

私たちは日ごろの仕事で「効率化」とか「合理化」と何気なく使っています。しかし、「効率」とは己の都合で率を効かせることであり、「合理」とはお客様優先で理《ことわり》に合わせることを意味します。合理の「理」とは、すべてのものに通じる法則や在り方です。心ある商人なら、どちらを追求すべきであるかは言うまでもありません。

商いは儲けのためではなく、まず何よりもお客様の生活や文化の向上に貢献する方向で進められなくてはなりません。それが極めて合理的であることを相馬の商いは教えてくれます。

不景気の時代ほど
お客様は真剣に買物する
この願いに合致する限り
あなたの店に不況はない

## 不況こそ、お客様との信頼を築く好機

不景気になると、お客様の買物に対する基準や要求度は上がり、好況時のように簡単には売れなくなるのは世の常。しかし、「売れないことを不況のせいにするな」と倉本長治は戒め、「幸せな商人は、いつでも商売に打ち込むことができる。ならば不況の中にだって、商人の幸せは必ずある」と、商人としての責任と義務を強く自覚すべきと訴えています。

また、「不況期にこそ消費者に得をしてもらい、この店こそ私たちの店と信じられるようにするいちばんの好機なのである」と、不況への向き合い方を説いています。たしかに不況時は物を売りにくいものです。しかし、そんなときこそお客様に尽くすならば、店の名を売り、信用を買うことは、それほど難しいことではありません。

お客様が苦しいときは、店も一緒に苦しみましょう。不況期こそお客様の支えとなれる絶好の機会です。逆境こそが商人を強く、そしてやさしくします。

繁盛はどんなときも、お客様と二人連れであなたの店を訪れます。決して独りでやって来ることはありません。「一人のお客の喜びのために誠実をつくし、一人のお客の生活を守るために利害を忘れる。その人間としての美しさこそ、わが小売店経営の姿としたい」とは、「商業界」草創期の指導者の一人、岡田徹の言葉です。彼の遺した言葉は一冊の詩集にまとめられ、今も多くの商人を励まし、進むべき道を示しています。

商いとは相思相愛の
関係をつくる営みであり
互いにありがとうと
言いあえる絆づくりである

## すべてのお客様は、上得意になるのを望んでいる

あなたの仕事は、じつは非常に単純です。「この店へ買いにきてよかった」と満足してくださるお客様をつくることであり、「あなたがいるから人生は楽しい」とお客様が感じてくださることです。そんなお客様を、あなたは一日にたった一人つくればいいのです。倉本長治は「すべてのお客は、君の店の上得意になりたいと希望している」と断言します。

しかし、店や売り手の都合でお客様は買ってくれません。売り込もうとすればするほど、お客様は買う気を失い、二度と訪れてくれることはないでしょう。「売ることとは、お客様と心を通わせる営みにほかならない」と倉本は言い、お客様のことをお客様以上に考えることを説いています。「顧客にもっと近づきなさい。顧客がまだ気づいていないニーズを語れるほどに密着しなさい」とは、アップルのスティーブ・ジョブズの言葉。時代を画する新商品を発明し続けた企業家の実践が倉本の主張を証明しています。

しかし、どうして現実にはそうならないのでしょうか。それは「商人としてどこかにまだ心細いところがあるからだ」と倉本は指摘し、誠実で親切なのにそう感じられるのは、「知識や技術に心もとなさが残るところにある」と指摘します。たしかな知識と技術こそ、お客様との相思相愛の関係をつくり、ありがとうと言いあえる絆をつくり、お客様とあなたをしっかりと結ぶ架け橋にほかなりません。

これからの商いは
感動創造業として
金で買えない価値を創造する
難しい仕事になる

## 商人は、心と物を同時に扱える稀有な存在

愛情、おもいやり、まごころ、誠実さなど、世の中で価値を認められているものの中には、金銭で買えないものがあります。だから、それに値段をつけることはできません。したがって、それを売っている店もありません。こうした人の善なる心ほど価値の高いものはありません。それゆえ、牧師や僧侶といった宗教者は尊敬される存在なのです。

もっとも、彼らは心しか取り扱いませんが、本物の商人とは「心と物をともに扱える稀有な存在」と倉本長治は言います。商人は、金銭で買えない心を金銭で売買できる商品に添えて売ることができるのです。物を売ることは、その行為自体によって文化に貢献する営みです。人の心を安らかに整え、生活を喜ばしく楽しいものとします。

しかし、それはたやすい営みではありませんから、私たちは知識と技術、勇気と根気を養わなければなりません。「だからやりがいがある」と倉本なら言うでしょう。また、金銭は計算できますが、信用は金額ではあらわせません。その関係は物質と精神の関係に似ています。信用というお金では買えない価値こそをお客様は望んでいます。

その意味で、今こそ商いは〝感動創造業〟という本来の役割に立ち返るときを迎えています。誠実やおもいやりという徳に裏打ちされたものでなければ、商いは本物ではありません。難しくもやりがいある聖職なのです。

どんなお客様のどんな場合に
どんなお役に立てるかを
お客様より深く濃く考える
それが売るということである

## ニーズを汲み取り、工夫を凝らす

「画は物の形を本とす。なれば寫真《やうつし》をなして、これに筆意を加うるときはすなわち画《え》なり」とは、江戸時代の浮世絵師、歌川広重が遺した絵の手本集『絵本手引草』の一文。「見たままを写実的に描いたものは絵ではない。筆意を加えたものが絵である」という意味になります。たとえば広重の代表作の一つ、東海道五十三次の一枚「三条大橋」。目に焼きつくような印象的な景色は、実際にはありえない構図だそうです。それでも観る者の心に残るのは、写実を超えた筆意があるからなのでしょう。

広重の言う「筆意」は、商いにも通じる考えではないでしょうか。お客様の望む商品をそのまま提供するのは当たり前の商売です。誰にもできることだから、価格が差別化要因になりがちです。

お客様自身が認識していない、言葉に表現できていない心の奥に隠れたニーズを汲みとりましょう。それを、工夫を凝らして具体的に提示することが商人の本来の務めです。商品に商人の真心を添えること、それは筆意と同じ境地でしょう。

そのためには、豊富な商品知識と、行動に裏づけられた商品調達力が必要であり、鍛錬が求められます。簡単なことではありません。しかし、「そこにこそ商人の悦びがあり、商いの醍醐味がある」と倉本長治は言っています。

お客様への愛情ほど
百の広告にも
千の商略にも
優るものはない

## 家族を愛するように、お客様を愛する

「正しい商売とは、強い真実に輝いた愛情の上に立つものでなければならない」と倉本長治は説きます。家庭で家族を愛するように、店でお客様を愛しましょう。そしてともに働く仲間を慈しみ、自分自身をも愛し、尊重するとき、その商売は和やかな微笑と信頼に満ちたものになるでしょう。慈父、慈母の周りに幼子が集まるように、店が信頼と喜びとで表情を輝かせたお客様でにぎわうのは当然です。

家族や親類だけを優遇するのを愛情だという人がいるかもしれませんが、本当の愛は見知らぬ旅人をもいたわり、同じように愛するところにあります。「親類に値引きするのが当然ならば、初めてのお客様、遠来のお客様、どこの誰かも知らないお客様にも、それと同等の親切とおもいやりを尽くすのが正しい」と倉本は説きます。

ということは、365日、誰に対してもおもいやりある親切な売り方を公平に行うことこそ商いの本来の姿だとわかります。そのとき、お客様を煽るような広告や、あざむくような商略など一つもいりません。

商人として、一生を通じて毎日が悔いのない、侮りのない生活を送りましょう。親として、子どもたちに「私は立派な商人だった」と胸を張れるような商人をめざしましょう。商人の幸せはそこにあります。

# 第十章

# 正しく生きる商人に誇りを持て

真商道とは、
人間の正しさに尽きることと
深く認識し、
われらは誇り高く生きよう

十一

買物という営みは
商人への信任の証であり
財布の中の紙幣は
良い商人を選ぶ投票券である

## 買物は自己実現であり、自己表現でもある

私たちは買物を通じて商品やサービスを手にします。しかし、それは単なる物財と貨幣を交換するだけの経済行為ではありません。あるときは自己実現のための行為であり、あるときは自己表現の手段でもあります。買物、それは人がもっとも自分らしさを表現できるクリエイティブな行為なのです。だからこそ私たちは、誰から買うか、何を買うか、どこで買うか、そして何のために買うかに真剣であるべきです。

「買物とは、商人に対する信頼と期待の表明である」と倉本長治は言います。信頼できる相手から購入すれば、自身はもちろん関わる人たちに幸せをもたらすでしょう。今日、消費が「応援」「共感」、または「倫理的」という文脈上で語られますが、私たちには購入行為を通じて良い商人を選ぶ権利があります。良い商人とは、お客様はもちろん、従業員、取引先、地域社会の利益を守り、未来を見据えた上で現在を考えられる人のことです。

そんな商いへ一歩でも歩みを進めましょう。その道のりはあなたが生涯をかけるに値するものです。そのとき生じる売上はあなたに対する信任の証であり、利益はあなたがめざす未来への期待のあらわれにほかなりません。

倉本は「奉仕を主人とするとき繁盛は近づき、利益を主人とするとき繁盛は遠のいていく」と言います。さあ、お客様の期待に応えられるよう、商いに向きあいましょう。

人の生き方も
商売の在り方も
突き詰めれば
おもいやりにたどりつく

## 商人として、人の心の美しさを追求する

正しい商いをともに極めようとする「師弟」であり、尊敬と信頼で結ばれた「同志」――倉本長治と、こう表現すべき間柄で結ばれていた夫婦商人がいます。チェーンストア「ニチイ」の初代社長、西端行雄《にしばた》と妻、春枝です。「その精神の美しいこと、信念から生まれる逞しさは計り知れない」と倉本は二人を評しています。

ある試練が夫妻を襲ったときのことです。1972年、大阪の商業施設で火災が発生、階上の飲食店で百十数名が亡くなりました。火元はニチイが入居していた階で、そのとき売場はビルオーナーによって改装工事の最中でした。出火原因は電気工事関係者の煙草の不始末と思われましたが、関係者の動きが正確に判明していないため、原因究明に時間がかかり、被害者は救われません。そこでニチイは先駆けて遺族に多額の見舞金を送ったのです。

「西端という人は自分の側に過ちらしきものが少しでもあってはならぬとするが、他人のためにはどこまでも常におもいやりが深かった。自分については何ごとも極めて厳格であった。万事について、そんな人柄であった」と倉本は書き遺しています。

そのニチイは行雄亡き後にマイカルとなり経営破綻し、イオンに救済統合されました。だからといって西端夫妻の功績は色あせたりはしません。慈愛真実の商人が追求した〝人の心の美しさ〟に満ちた商道を、私たちは受け継がなければなりません。

十一三

勇気が困難に克ち
忍耐が不況を切り抜け
知恵が店を栄えさせ
愛情が繁盛を続かせる

## 不況に遭わない店は大成しない

不況のときほど、お客様は熱心に買物しようとしますから、その思いに寄り添う限り、あなたの店に不況は訪れません。どの店も置かれている状況は同じなのに、お客様に支持される店はあるものです。「不況に遭わない店には、永遠に大成はない。不況は商人として成長するチャンスなのだ」と倉本長治は説きます。このとき必要なのが困難に克つ勇気であり、不況に耐える忍耐です。不況のときこそ知恵を絞りましょう。「知恵が店を栄えさせ、愛情が繁盛を続かせる」と倉本は言います。

中国戦国時代の政治家、韓非の著書『韓非子』の中に「守株待兎（株を守りて兎を待つ）」という言葉があります。ある農夫が、兎が切り株にぶつかって死んだのを見て、また同じような幸運が起こるものと期待して、仕事もせずに毎日切り株を見守ってばかりいたため、畑が荒れ果て国中の笑い者になったという故事です。偶然の幸運を待ち望み、これまでのやり方や習慣に固執している限り、あなたの商売は大成しません。

いつの時代も一寸先は闇であり、私たちは先の見通せない環境下を生きています。それを言い訳にして考えることをやめ、行動しない商人がいます。彼らは、本当にお客様のために商売をしてきたのでしょうか。そうだとしたら、同じく不況に苦しむお客様のためにやれることが見つかるはずです。商人のおもいやりとはそういうものです。

毎日一つずつ
悪癖を改めよう
そうすればもっと
良い商人になれるはずだ

## 商いを通じて、自分の行いは磨かれる

１９２２年、その人は浄土宗の寺の長女として生まれました。戦前は小学校教諭として子どもたちを育てましたが、戦後は教育者としての責任をとり辞職、夫の行雄とともに行商から再出発。１９５０年、大阪に1坪半の衣料品店「ハトヤ」を開いた西端春枝です。

春枝は、店の人材育成担当者として再び教育に携わります。次の一文は西端夫妻が朝礼のたびに唱和し、従業員と共有した誓いです。

「人の心の美しさを商いの道に生かして／ただ一筋にお客様の生活を守り／お客様の生活を豊かにすることを／我等の誇りとよろこびとして／日々の生活に精進いたします」

注目するのが最後の一文にある「生活」という言葉です。西端夫妻にとって商いは生活そのものでした。仏教者である春枝にとっては、商いの中に行があるのではなく、行の中に商いがありました。商いを通じて人間性を磨くことは至極当然なことなのです。

「私たちは煩悩具足の凡夫の集まり」とも春枝は言いました。「煩悩」とはいらいら、悲しみ、ねたみなど心身を迷わせる欲望、「具足」とは備わっていること。それが人間だと自覚し、努力と学びを重ねて煩悩を払っていくしかないと教えてくれます。

商人とは日々の商いを通じて一隅を照らす存在。今日、店のシャッターを開けるとき、感謝することから始めましょう。

十―五

何かを成したい商人は
必ず手段を見つけ出し
何もしたくない商人は
必ず言い訳をつくりだす

## 何かを成し遂げる過程に、あなたの幸せはある

「本屋で雑誌を買うように、ファッションを気軽に買える店」として「どこよりも早く、大量に販売する」とは、ある地方の小さな洋品店の二代目がめざした新しい商いの形です。今では国内外に２４００店舗以上を展開するユニクロは、１９８４年、広島市内に初出店する際に柳井正が記した一枚の手書きの企画書から生まれました。

「10回新しいことを始めれば9回は失敗する」というとおり、彼の商いは挑戦を続け、失敗に学んだ道のりでした。「頭の良いと言われる人間に限って、計画や勉強ばかり熱心で、結局何も実行しない」という彼の言葉を、私たちも自問しなければなりません。

仕事を好きでなければ商人ではありません。ロマンを持たなければ商人ではありません。勇気がなければ商人ではありません。挑戦できなければ商人ではありません。忍耐がなければ商人ではありません。発見がなければ商人ではありません。そして、変化に対応できなければ商人ではないのです。「生き残る種とはもっとも強いものではない。もっとも知的なものでもない。それは変化にもっともよく適応したものである」とは、種の形成理論を唱えたイギリスの自然科学者、チャールズ・ダーウィンの言葉です。

「あなたが何かを成し遂げたいのならば、必ず手段を見いだせる」と倉本長治は言います。あなた自身の幸せは、それを成し遂げる過程にあります。

おもいやりがすべてである
あたたかい売上も
美しい利益も
すべてその中にある

## 利益の源泉は、利他の心

昔、ある男が地獄と極楽の見学に出かけたときの話です。まず地獄に行くとちょうど夕食時で、罪人たちが食卓に向かいあって座っていました。豪華な料理が山盛りに並んでいるのに、なぜか罪人たちは皆痩せこけています。彼らは1mもある長い箸を使ってご馳走を我先にと口に運びますが、うまく食べられません。怒り出す者や隣の人がつまんだ料理を奪おうとする者もおり、まさに地獄の有り様です。

次に男は極楽に向かいました。やはり夕食時で、食卓には山海の珍味が並んでいます。極楽の住人も同じように1mの箸を持っていますが、皆ふくよかで肌も艶やかです。違うのは、長い箸で挟んだご馳走を向かい側の人に食べさせていること。「ありがとう」とほほ笑んだ相手は、同じように向かいの人に食べさせていたのです。心の持ちようだけで地獄にも極楽にもなることを教える「三尺三寸箸」という法話です。

商いというものは儲けがなければ成り立ちません。しかし、それを目的としてしまったとき、私たちは一滴の水も得られず、地獄の罪人へと堕ちます。

目の前の人、つまりお客様の幸福を第一とするおもいやりを発揮したとき、応分の糧を得られ、私たちは極楽の住人となれるのです。おもいやりという利他の心こそ商いの真理であり、利益の源泉にほかなりません。

十—七

百万人に
物だけを売る繁盛店よりも
わずかなお客様でも
真心を売る店のほうが尊い

## あなたが売っているのは、ただの商品ではない

「品揃えも十分ではありません。値段も決して安いとは申せません。サービスも至って不行き届きです。ただ一つ、真心だけは買ってください」

ある商人はかつて、年に一度だけ新聞にこんなチラシを折り込み続けました。彼の名は第三章で紹介した大高善雄。店の屋号は紅丸商店。今では東北と北関東に多くの店を展開するヨークベニマルです。福島県郡山市の7坪ほどの小さな食料品店だったころから、高い坪効率で知られる人気店でした。

さらにお客様の役に立ちたいと思案していたときのことです。倉本長治はその店の売場に立ち、販売の様子を見ていました。すると、数種類の飴をお客様の注文を受けてから袋に詰めて販売していました。「平均的な容量で事前に袋詰めしておけば、一人に売る時間に五人に売れるのではないか」と倉本から指摘されると、店主は気が進まない様子で「それでは、お客様のお買物の楽しさが半減してしまうのではないでしょうか？」と言ったそうです。「大高善雄という商人の誠を見た」と倉本は述懐しています。

物が多く売れるよりも、お客様に喜んで買っていただきたい――。仮に売上が少なくなっても、そのほうが自らのめざす商売の目的に適っていると確信していたのです。

さて、あなたの店の売りものは商品でしょうか。それとも真心でしょうか。

十―八

# 生きる喜びと
# 商売の営みが一致して
# 初めて商人の
# 生きがいはある

## 商人として生きる意味を、生涯をかけて全うする

一度お会いしただけですが、大切なことを教えてもらった事業家がいます。

屋号に冠した「カルペディエム（carpe diem）」という言葉は、ラテン語で「その日の花を摘め」、英語では「seize the day」、つまり「今という時を大切に生きる」という意味を持っています。倉本長治は「この一瞬の積み重ねこそ君の全生涯」という言葉を遺しています。

一度だけしか会えなかったのは、患っていた病により、その人はすでに帰らぬ人となってしまったからでした。彼女の事業は、癌など病を患う人の「なりたい理想の自分」を写真として残すというもの。癌の宣告を受けた彼女は、終わりの見えない治療、終わりが見え隠れする寿命、あとどれだけ生きられるのかわからないという焦燥感と向きあいながら起業を果たします。

「写真というツールを、明日への生活の希望の糧にしていただきたい。写真を通じて、お客様の〝今〟に寄り添いたいと思っています。そして写真を目にした人が、それぞれの日常へ希望を感じられることを目指します」

これが自らも同じ病と闘う彼女の事業理念であり、生きる喜びでした。生きる喜びと商売することが一致して、初めて商人の生きがいはあります。彼女はまさに命がけの努力により、そんな人生を全うしたのです。

十—九

小商は縁に出合って気づかず
中商は気づいて縁を生かさず
大商は袖擦りあう縁をも生かす
商いは人に始まり人に終わる

## 縁により縁に生きる

あなたにとってお客様は目先の利益を得る手段でしょうか。それとも、明るい未来をともにつくるために価値観を同じくする友人でしょうか。

ライバルではなく、顧客に集中しましょう。商いにとってもっとも大切な存在は「顧客」そのものです。そこにこそ独自性の源泉があり、明るい未来があります。同じ業界の競合相手を気にするより、あなたの店を訪れる顧客に集中するべきです。顧客に軸足を置いてこそ、明るい未来を見つけることができます。

「商いの本質は一人ひとりに売るところにある」と倉本長治は説きました。このとき、売れる数や量よりも、その売り買いの内容をおろそかにしてはなりません。売る者と買う者の人間どうしの心の交流が、数や量の前に忘れ去られてはなりません。

そして、顧客は2種類に分けられます。すでにあなたから購入したことのある「現在顧客」。まだ叶っていないけれど、出会うべき縁のある「未来顧客」。商いとは、現在顧客との縁をあたため、未来顧客との縁を結んでいく営みにほかなりません。

「小才は縁に出合って縁に気づかず。中才は縁に気づいて縁を生かさず。大才は袖すり合った縁をも生かす」とは江戸初期の剣術家、柳生宗矩の遺した家訓です。商いも縁を活かしてこそ繁盛の道を歩むことができます。

## 十一十

商人の幸福とは
千客万来にではなく
そのために尽くされた
愛と真実にこそ宿る

## 商人の幸福は、他者への善意と努力の先に

商人とは、商売を通じて人の心に喜びや安らかさ、あたたかみ、なごやかさ、豊かさなどを生み出すことができる存在です。

静岡市の小さな美容室「モルティー」が移動美容室を始めたきっかけは、なじみ客だったおばあさんがぱったり来なくなったことでした。聞けば体調を崩して特養施設に入ったといいます。整髪を楽しみに毎月のように来店していたのに、さぞかし悲しい思いをしているのではないかと、店主はたった一人のお客様のために美容室仕様の改造移動車を購入、新規ビジネスに乗り出しました。

しかし、施設は新しい外部業者を受け入れてくれません。店主は移動美容室の営業に精を出しましたが、半年経っても1件の契約もとれませんでした。店舗の利益はすべて移動美容室の赤字補填に回り、それが5年間も続くことになります。

転機は法改正による規制緩和でした。特養施設が民間でも開業できることになり、競合施設と差別化のために新たなサービスの導入が始まると、店主の事業は軌道に乗りました。たった一人のおばあさんのために興した事業が実を結んだのです。

商いという営みは他者に対する善意と努力を尽くすことだという自覚があって初めて、商人は幸福でありうるのです。

# おわりに

「店は客のためにある」

この一文こそ倉本長治の思想の本質であることをご理解いただけたでしょうか。この一文が小売業ばかりではなく、あらゆる事業に携わる者の使命であることを伝えたいという思いが本書を執筆した動機です。

では、「店」とは何でしょうか。本来、店は「見世」と書きました。「世」の移り変わりを「見」て、お客様の心の変化を感じとるのが「店」を商う者の務めなのです。商人は店を通して時代の変化を見抜き、変化に果敢に対応してきました。「店」とは事業活動のことであり、あなたの仕事そのものです。

ところが、あるとき「見世」の歴史が失われてしまいます。すべてが焼けた戦後の物不足の時代、商売は物を動かすだけで金になり、商売人は客の足元を見透かしては儲けました。頭にあるのは、渇望感を満たそうとする欲だけでした。続く高度経済成長時代には、楽をして儲けようと効率化を性急に求め、いつの間にか商人は世も人も見ようとしなくなったのです。

しかし、どんなことも永遠には続きません。高度経済成長は過去の記憶となり、私たちは激しく移り変わる社会や経済に翻弄され続けています。こうした変化が常にあることは歴史を振り返れば明らかです。

だからこそ、私たちは世の移り変わりと人を見なければなりません。そのときの座標軸こそ「店は客のためにある」であると、倉本は遺してくれました。

海外に目を転じると、マネジメントのピーター・ドラッカー、マーケティングのフィリップ・コトラー、競争戦略のマイケル・ポーターといった経営学の巨人たちも、その教えの起点に顧客を置いています。ドラッカーは企業の目的に「顧客の創造」を掲げ、コトラーは、「顧客をよく理解するところからマーケティングが始まる」と言い、ポーターは「顧客を喜ばせることが資本主義の神髄」と説いています。「店は客のためにある」とは、これら碩学の名言を、彼らに先んじて提唱したものといっていいでしょう。

そして「店」とは事業そのものであり、「客」とはあなたが事業を通じて役に立ちたい、喜んでほしいと願う対象のことです。顧客、従業員、取引先、地域社会、出資者など、客はさまざまな顔を持っています。彼らの全体最適を実現することが商いの務めなのです。

しかし、身勝手な考えに固執する一部の商人は、売れないことを他人のせいにします。不況だから、強大な競合店ができたから、商圏が小さいから、天候不順だから、客筋が悪いから、さらには従業員が悪いからと、他者を責めるばかりで己を振り返ろうともしません。

お客様はあなたのためには商品を買うことはありません。商品が売れるのは、お客様がそれを自分の役に立つと思うからです。商いに競争があるとしたら、それはお客様へのお役立ちの競い合いです。それなのに、商人はお客様という人を見ることを忘れてしまいました。商いの成果が上がらないことを他人のせいにして嘆く前に、世の移り変わりと人を見てください。そして、己が変わるのです。変わるために学ぶのです。学ばなければ世も人も見えません。学ぶことで己を変えて、本来の商いに立ち返りましょう。倉本はその営みこそ「店は客のためにある」ことだと断じました。

商人が変われば商いが変わり、商いが変わればお客様も変わります。お客様の喜びと感謝が、あなたの人生と商いに喜びをもたらしてくれます。商人は「見世」から社会を変えていく役割を担っている――これこそ倉本が生涯をかけて伝えようとしたことでした。

そんな倉本が鬼籍に入ったのは1982年。その後訪れたバブル経済期には、多くの企業が株や土地の投機に走り、あぶく銭をかきあつめることに躍起となりました。小売業者は自らを流通業と名乗り、商人本来の使命である一人ひとりのお客様に小さく売ることの大切さを忘れました。

その顛末はご存じのとおりで、多くの企業が泡のように消えることになります。店が客のためにあることを店主がないがしろにしたとき、店はあっけなく滅びるのです。

倉本はその著『倉本長治短詞集』に「真の店」という短い詞を遺しています。もし、あと数年生き続け、バブルの狂奔を目の当たりにしていたのなら、倉本はどんなことを指摘するかを考えるとき、この数行を思わずにはいられません。

お店のおかげで
町の人たちの
生活が改善されました
とお礼を言われる
店こそ真のお店

このように、心から一人のお客様を喜ばせることがどれほど難しいことかは言うまでもありません。しかし、その営みにこそ商人の務めがあり、喜びがあります。商人は「ありがとうございます」とお客様に言うのが常ですが、お客様から「ありがとう」と言われるような商いを追求するところに、倉本の説く「真の店」はあります。

新しいお客様に出会っていくためにも、お客様に末永くご愛顧いただくためにも、私たちはお客様に満足を提供しなければなりません。しかし、満足はやがて当たり前になります。常に向上をめざしたとき満足は感激になり、感激は感動を呼び、感動の先に「ありがとう」という感謝があります。

・店がお客様のためにあることを自覚し、実践する商人
・旧弊に囚われず、新しい商業を創造しようとする商人
・お客様を心から愛し、お客様から心より愛される商人

これらは、倉本が長く筆を執った雑誌「商業界」がめざした商人像であり、私が本書を通じてお伝えしようと努めた在り方です。私はそこで学んだ者として、倉本をはじめとする先達の理念を受け継ぎ、その火を絶やさぬ努力を続けることを使命としています。「商業界」はもうありませんが、その役割に変わりはありません。

本書は、倉本の遺した膨大な著作から編まれた全12巻の『倉本長治著作選集』、倉本長治の長男として理念を継承した倉本初夫の著作、倉本と縁ある商人たちの遺した著作、さらには私自身が学んできた商人とその著作、取材体験をもとに執筆しました。

執筆は、私の浅学非才さを自覚する営みであり、一方で多くの学びを得られた道のりでした。

「良い商人ほど悩み、悩む商人ほど学ぶ」と倉本は説き、悩みが多いほど学び、成長できるのだと励ましています。私自身も著作の中で出会える倉本に励まされながら、道に迷わないようここまできました。

本書が皆様の仕事と人生に少しでも役立つことができれば幸いです。

笹井清範

著者　**笹井清範**（ささい　きよのり）

商い未来研究所代表

商業経営専門誌「商業界」で現場取材を重ね、2007年より編集長。中小独立店から大手チェーンストア、小売業から飲食・サービス業、卸売業、農業、製造業まで幅広い企業規模・業種を取材。その数は25年間で4000社を超え、そこに共通する"繁盛の法則"の体系化をライフワークとする。2018年より、多くの商業者を育成・輩出してきた「商業界ゼミナール」を運営。講演家としても、多くの聴衆の支持を集める。2020年、暮らしを心豊かにする事業に関わる人たちへの支援を目的に、「商い未来研究所」設立。急速に進む人口減少・成熟化社会にあっても成長できる商人の育成を事業理念に、研修やコンサルティング、講演や執筆に取り組む。取材者として養ったインタビュー技術によって、本人が認識していない強みや課題を顕在化させる"訊く力"に定評がある。商人応援ブログ「本日開店」では、取材から学んだ"商いの心と技"を発信。座右の銘は「朝に礼拝、昼に精励、夕に感謝」。著書に『売れる人がやっているたった四つの繁盛の法則』（同文舘出版）。

●講演・研修・コンサルティング・執筆の依頼先：sasai@akinai-mirai.com

店は客のためにあり
店員とともに栄え
店主とともに滅びる
倉本長治の商人学

---

2023年9月18日　第1刷発行

著　者　　笹井清範
発行者　　鈴木勝彦
発行所　　株式会社プレジデント社
〒102-8641　東京都千代田区平河町2-16-1平河町森タワー13階
https://www.president.co.jp/
電話：編集(03)3237-3732　販売(03)3237-3731
装　丁　　仲光寛城
撮　影　　大沢尚芳
編　集　　桂木栄一
制　作　　関 結香
販　売　　桂木栄一　高橋 徹　川井田美景　森田 巌　末吉秀樹
印刷・製本　凸版印刷株式会社


ISBN 978-4-8334-2464-6
Printed in Japan
落丁・乱丁本はおとりかえいたします。